시간이 식는 중입니다

시간이
식는 중입니다

김용희 지음

한 인간이 지나온
시간의 기록이자,

동시에 우리 모두가
공유할 수 있는

기억의
초상화

좋은땅

시간은 우리 곁을 스쳐 가며 사라지지 않습니다.
그것은 어느 순간엔 문학이 되어 언어의 형체로 남고
또 다른 순간엔 음악이 되어 귀에 머물며
때로는 한 편의 영화가 되어 시선 속에 흐르고
그림처럼 마음의 벽에 걸려 오래도록 빛을 발합니다.

나는 그 잔여의 시간을 더듬으며 이 책을 썼습니다.
잊혀진 것들을 불러내고, 지나간 것들을 새롭게 바라보며
사소한 기억 속에 숨어 있던 반짝임들을 길어 올렸습니다.
삶은 늘 예술과 닮아 있었고, 예술은 언제나 삶을 비추고 있었습니다.
그 둘 사이의 투명한 경계를 걷는 동안
내 안의 시간이 식어 가고 있다는 사실을 알았습니다.

〈시간이 식는 중입니다〉는
내가 건넬 수 있는 가장 사적인 기록이자

누구나 겪어 온 보편의 풍경에 바치는 작은 인사입니다.
당신이 이 책장을 넘기는 동안
당신의 기억 속 시간 또한 천천히 빛을 발하길 바랍니다.

2025년 여름의 끝

정릉에서

저자 김용희

목차

세 번째 창, 영화 나는 오늘 밤 영화가 된다

네 번째 창, 그림 마음 벽에 걸린 풍경

2부

예술과 삶 사이에서

1부

네 개의 창,
하나의 시선

문학은 타인의 언어로 걸어가는 여행이다.

책장을 넘길 때마다 낯선 이의 심장이 내 가슴안에서 뛴다.

단어들은 서로의 어깨에 기대어 문장을 이루고

그 문장은 나를 어제와 다른 사람으로 만든다.

나는 문학 속에서 나의 서사를 찾았고

때로는 거울처럼, 때로는 창처럼 그 이야기를 마주했다.

음악은 시간을 건너뛰는 가장 은밀한 통로다.

한 음이 울리면 계절이 바뀌고

멜로디가 흐르면 오래전 나의 얼굴이 되살아난다.

가사는 한 편의 시가 되어

마음속 깊이 접어 둔 감정을 펼쳐 보인다.

음악은 내 삶의 배경음악이자, 잊고 싶은 기억마저도 끝내 부드럽게
감싸안았다.

영화는 빛과 그림자가 만드는 또 하나의 현실이다.

스크린 속 인물들은 내 이름을 부르지 않지만

그들의 고백과 침묵은 나의 이야기로 번져 온다.

장면과 장면 사이에 놓인 공백은, 관객의 삶으로 채워진다.

영화 속 나는 관찰자이면서도, 언제나 연기자였다.

그림은 말보다 먼저 태어난 언어다.

붓끝이 찍은 점 하나, 선 하나가
세상에서 단 한 번뿐인 숨결을 남긴다.
색은 계절의 체온을 품고, 형상은 기억의 단단한 껍질을 깨뜨린다.
그림 앞에 서면, 나는 한없이 고요해지고
또 한없이 멀리 여행을 떠난다.

언어와 음, 장면과 색.
그것들은 모두 나의 하루를 비추는 다른 모양의 빛이었다.

나는 윤동주 시인이 그랬던 것처럼 밤하늘을 볼 때마다

백석의 눈 속에 푹푹 파묻힌다.

그들은 시인이었지만, 그들의 문장은 시 너머의 이야기였다.

별을 노래하는 마음은 단순한 감상이 아니라

불가능한 세계에 건네는 윤리의 몸짓이었고

흰 당나귀는 분명히 찾아올 눈 덮인 산골의 하얀 기적이었다.

그리하여 그들의 시는 시보다 더 많은 것을 품고 있었다.

이청준의 서편제는 이야기보다 정서가 먼저 마음에 와닿는다.

말보다 소리가 먼저 울고, 서사보다 여운이 길고

그 모든 것을 판소리라는 한국 고유의 서정 양식으로 풀어내니

장면마다 마치 시의 한 연처럼 음률과 침묵 사이에 숨이 멎게 된다.

황정은의 소설은 마치 장시 같다.

그건 단지 문장의 길이나 문체 때문이 아니라

그 소설이 호흡과 리듬, 반복과 여운

그리고 침묵과 속삭임으로 이루어져 있기 때문 아닐까?

국경을 넘으면, 프루스트가 등장한다.

마들렌 한 조각과 홍차 향기 속에 잃어버린 시간이 조용히 깨어나고

과거와 현재가 부드럽게 겹쳐지니 그 순간이 시처럼 마음에 스며든다.

그것은 소설이라기보다는 하나의 세계였고

그 세계엔 단어가 아닌 시간의 입자가 흘러 다닌다.

카프카는 소설가라기보다 차라리 시인에 더 가깝다고 생각한다.

그의 문장은 무의식의 어둠 속을 헤매며 불안과 고독을 압축된 이미지로 펼쳐 낸다.

현실과 꿈 사이, 말로 다 못 할 감정들이 짧고 강렬한 시의 언어처럼 마음을 파고든다.

쿤데라의 참을 수 없는 존재의 가벼움은

삶이 얼마나 덧없고 아름다운지를 시처럼 반복해 묻는다.

그 무게 없는 하루들이, 결국 가장 무거운 진실로 남는다.

비트겐슈타인 철학은 언어의 끝을 말했지만

그 끝에서 나는 오히려 문학의 시작을 느낀다.

말할 수 없는 것에 대해선 침묵해야 한다고 했지만

그 침묵이야말로 가장 근본적인 시의 전제가 아니던가?

나는 이런 작가들 사이에 머물기를 좋아한다.

이들은 시인이었고 소설가였고, 철학자였다.

그러나 무엇보다 말을 어떻게 살아 낼 것인가를 고민한 사람들이었다.

언어가 다하지 못하는 것을 언어로 말하려 할 때

시가 태어났다.

그리고 언어가 너무 많아진 시대에 침묵으로 돌아가려 할 때

철학은 문학이 됐다.

별 헤는 밤

윤동주 詩

계절이 지나가는 하늘에는
가을로 가득 차 있습니다.

나는 아무 걱정도 없이
가을 속의 별들을 다 헤일 듯합니다.

가슴속에 하나둘 새겨지는 별을
이제 다 못 헤는 것은
쉬이 아침이 오는 까닭이요,
내일 밤이 남은 까닭이요,
아직 나의 청춘이 다하지 않은 까닭입니다.

별 하나에 추억과
별 하나에 사랑과
별 하나에 쓸쓸함과
별 하나에 동경과
별 하나에 시와
별 하나에 어머니, 어머니,

어머님, 나는 별 하나에 아름다운 말 한마디씩 불러 봅니다. 소학교 때 책상을 같이 했던 아이들의 이름과, 패, 경, 옥, 이런 이국 소녀들의 이름과, 벌써 아기 어머니 된 계집애들의 이름과, 가난한 이웃 사람들의 이름과, 비둘기, 강아지, 토끼, 노새, 노루, '프랑시스 잠', '라이너 마리아 릴케' 이런 시인의 이름을 불러 봅니다.

이네들은 너무나 멀리 있습니다.
별이 아스라이 멀듯이.

어머님,
그리고 당신은 멀리 북간도에 계십니다.

나는 무엇인지 그리워
이 많은 별빛이 내린 언덕 위에
내 이름자를 써 보고
흙으로 덮어 버리었습니다.

딴은 밤을 새워 우는 벌레는
부끄러운 이름을 슬퍼하는 까닭입니다.

그러나 겨울이 지나고 나의 별에도 봄이 오면
무덤 위에 파란 잔디가 피어나듯이

내 이름자 묻힌 언덕 위에도
자랑처럼 풀이 무성할 거외다.

윤동주의 별을 헤다

윤동주의 '별 헤는 밤'을 읽을 때면, 이상하게도 마음이 조용해진다.
세상의 소음이 잠시 멎고, 내 안의 오래된 감정들이 슬며시 깨어나는
것 같다.
무언가를 잃은 적도 없는 듯한데, 눈동자 끝이 젖는다.
그건 아마도, 이 시가 들려주는 그리움의 정조가 너무도 인간적이고
아름다워서일 것이다.

하늘을 올려다보는 시인의 시선에서 나는 '나'를 본다.
계절이 지나가는 하늘에 가을이 가득하듯
나의 마음 한 켠에도 지나간 시간들이 고요히 쌓여 있다.
걱정도, 두려움도 없이 그저 별을 헤아리던 어린 시절의 순수함 그때
는 슬픔조차 맑은 것이었다.
누군가를 그리워할 줄 알면서도, 그것이 슬픔인지도 모르고 그저 별이
예쁘다며 바라보던 시절
그 시절의 내가, 시인의 언어 안에서 숨 쉬고 있었다.

별 하나하나에 담긴 시인의 추억과 사랑, 쓸쓸함과 동경
그 이름들을 읽어 나가다 보면 나도 모르게 내 기억 속 인물들을 떠올
리게 된다.

함께 소풍 가던 국민학교 친구들, 말없이 내 손을 잡아 주던 큰아버지
처음으로 마음을 떨리게 했던 누군가의 얼굴
이미 내 곁을 떠난 이름들, 다시는 돌아오지 않을 시간들
윤동주는 별빛에 그 이름들을 불러 보았지만, 나는 마음속에서 조용히
불러 본다.
잊지 않기 위해 그리고 다시 사랑하기 위해.

"이네들은 너무나 멀리 있습니다.
별이 아스라이 멀듯이."

이 한 줄이 가슴을 콕 찌른다. 그렇다.
우리가 사랑했던 사람들, 그리워하는 모든 것들은 너무 멀리 있다.
먼 곳으로 이사 간 친구처럼, 전화번호는 남아 있지만 도무지 걸 수 없
는 시간처럼
별은 여전히 거기 있지만 닿을 수 없는 것처럼
내 마음에 머무는 그리움들도 결코 손 닿지 않는 곳에 있다.

그리고 "어머님, 그리고 당신은 멀리 북간도에 계십니다"라는 구절 앞
에서는 결국 울컥하고 만다.
시인의 간절함, 말로 다 하지 못한 사랑과 거리의 간극이 내게도 전해
져 온다.
나의 어머니, 나의 누군가, 나의 지난날들은 어디에 있는가?

나는 어느 날, 종로 청운동 시인의 언덕 위에 앉아 있었다.

그 옛날 수많은 별빛이 쏟아지던 그 언덕에서 나도 내 이름자를 써 보고, 흙으로 덮어 본다.

그리고 생각한다.

언젠가 이 그리움의 날이 지나고

내 마음에도 봄이 오면, 시인의 말처럼 "자랑처럼 풀이 무성할" 그런 날이 올까?

나와 나타샤와 흰 당나귀

백석 詩

백석의 겨울을 걷다

가난한 내가
아름다운 나타샤를 사랑할 수 있다는 이 놀라운 선언에서
나는 울컥했다.

세상은 사랑 앞에서도 자격을 따지고, 현실을 따지고
사랑이 가난을 이길 수 있느냐고 비웃는다.
하지만 백석은 말한다.
가난한 내가, 그럼에도 불구하고, 아름다운 나타샤를 사랑한다고.

그건 슬픔의 문장이 아니라 사랑의 문장이었다.
가난 속에서도, 어쩌면 그래서 더욱 절실하게 사랑을 품을 수 있다는
고백.

나는 이 시를 읽으며 겨울밤의 풍경을 떠올렸다.
소복이 쌓이는 눈, 고요히 흐르는 시간
그리고 그 안에서 혼자 소주를 마시는 누군가
그가 나였고, 어쩌면 모든 외로운 이들이었다.

슬프지만 부드러운 시선으로

이 시는 사랑을 꿈꾸는 인간의 가장 순전한 마음을 꺼내 보인다.
흰 당나귀는 그 마음들의 상징 아닐까?
현실에서 찾을 수 없는, 하지만 꿈속에서는 분명히 찾아올
눈 덮인 산골의 하얀 기적 같은…

나타샤는 단지 한 여인의 이름이 아니었다.
그건 기다림이고, 그리움이고, 그리고 이 모든 고단한 삶 속에서도
사랑할 수 있다는 인간의 존엄이었다.

이 시를 읽고 나면, 마음 한구석이 조용히 젖는다.
마치 내가 지금, 눈이 푹푹 내리는 어느 겨울밤
혼자 앉아 소주잔을 기울이는 사람인 것처럼.

하지만 그 외로움조차도 흰 당나귀가 건너올 조용한 설원처럼 느껴진다.
삶은 때때로 참 고달프지만, 그럼에도 누군가는 어딘가에서
'응앙응앙' 울며 나를 향해 오고 있다는 믿음.
그건 패배가 아니라
더러운 세상을 버리고 고요한 산골을 선택한 사람의 단호한 의지다.

나는 그 마음이 좋다. 백석의 시가 좋다.
그리고 이 산문을 쓰는 지금 이 순간 문득 내가 누군가의 나타샤이기를

혹은 누군가의 흰 당나귀가 되어 고요한 겨울밤을 함께 걸을 수 있기를 바란다.

눈은 푹푹 내리고, 세상은 조용하고
마음속 사랑은 오늘도 눈길을 따라 조용히 걸어간다.

백의 그림자 - 황정은

네댓 번쯤 읽은 거 같다. 읽을 때마다 소설을 읽고 있다는 사실을 잊지만
줄거리도, 인물도, 사건도 분명히 있는데 그 모든 것이 하나의 흐름이 되어
마치 길게 뻗은 장시 한 줄을 따라가듯 나는 페이지를 넘긴다.
말보다 쉼표와 여백이 더 많은 시, 그런 문장의 강을 걷는다.

이야기는 너무 조용하다.
사람들이 말하지만, 그 말들은 거의 속삭임이고
사건이 일어나지만, 그것은 폭발이 아니라 서서히 스미는 균열이다.
누군가는 살아가고, 누군가는 무너지고, 누군가는 사라진다.
하지만 아무도 소리 내 울지 않고, 그 울음은 늘 문장 바깥에 숨어 있다.

백의 그림자의 세계는 건조하고 낡았다.
주인공들의 직장, 거리, 골목, 문 앞의 쓸쓸한 빛…
모든 풍경은 현실보다 현실 같지 않은 어떤 무늬를 입고 있다.
그리고 그 현실의 틈바구니에서, 작가는 끊임없이 질문을 던진다.
"당신은 지금 여기에 존재하고 있나요?"
"당신이 지닌 그림자는 누구의 것인가요?"

"당신이 지금 걷는 길은 누구의 삶인가요?"

이 책은 질문하는 시처럼 읽힌다.
완결된 구조보다는, 열린 감각 속에서 독자 스스로 느끼고 추적하게
만드는 구절들이 이어진다.
한 장 한 장이 마치 연작시처럼 느껴진다.
삶이라는 거대한 백색의 벽을 앞에 두고
작가는 아주 작은 음성으로 그 벽에 손을 대고 말을 건넨다.
그 손길과 숨결을 따라, 나 역시 벽에 손을 대고 눈을 감는다.

무엇보다 인상 깊은 건, 그 문장들의 온도다.
뜨겁지도, 차갑지도 않은 묘한 미온
슬픔을 드러내지 않지만, 읽는 내내 슬픔의 냄새가 난다.
누군가를 이해한다는 건 그 사람의 '그림자'를 감싸안는 일이라는 것을
이 소설은 큰소리 없이 가르쳐 준다.

남도 사람과 서편제

1993년 봄, 나는 단성사에서 서편제를 혼자 보았다.

스무 살을 갓 넘긴 나이, 세상은 아직 낯설고, 마음은 유리처럼 예민했던

무엇에 흔들리고, 무엇에 가만히 부서질지 모를 만큼, 감정은 매일 진동했던 시절이다.

누군가와 어울리는 일보다, 혼자 뭔가에 깊이 빠져드는 일이 더 익숙했다.

그날도 이유는 없었다. 마음이 먼저 움직이고, 나는 그걸 조용히 따랐다.

영화는 매진이었지만 극장 안은 조용했고, 스크린 위엔 소리가 흐르고 있었다.

말이 아닌 소리, 대사가 아니라, 숨과 한이

어디선가 누군가 울고 있었고

나는 그 울음을 따라가듯 조용히 무너졌다.

엔딩 크레딧이 흐를 때, 나는 가만히 앉아 있었다.

박수가 나오지 않는 침묵

눈물로도 번역되지 않는 감정이 가슴 언저리에서 뭉개지고 있었다.

그 감정은 한 마디로는 묶이지 않았다.

사랑도 아니고, 슬픔도 아니고, 경외도 아니었다.

그저 이 세계에 이런 예술이 존재한다는 사실이 벅찼다.

말을 삼킨 채, 나는 종로서적으로 걸었다.

스크린을 나선 마음은 아직 정리되지 않았고, 눈물은 목울대에 맺혀

있었다.

원작이 소설이라는 것을 알고 있었기에

나는 그것을 '읽고 싶다'기보다 갖고 싶었다.

문장으로 다시 만나고 싶었다.

방금 내 안을 흔들어 놓은 그 세계가

활자로 남아, 내 삶 어딘가에 오래 머물기를 바랐다.

서편제 원작은 이청준의 단편 소설이며

그 단편이 '남도 사람'이라는 연작 안에 있다는 걸 그날 처음 알았다.

나는 단숨에 책을 샀고, 앉을 자리도 마땅치 않은 서점 구석에서 책장

을 폈다.

짧은 소설이었다.

하지만 그 안엔 영화보다 더 깊은 침묵이 있었다.

더 오래된 고통과, 더 응축된 예술이 있었다.

'소리'는 단지 노래가 아니었다.

그것은 살아 있는 동안, 견뎌야 했던 모든 것들의 명칭이었다.

실명한 딸, 광기 어린 아버지, 흩어진 한 집안
그들의 운명은 애달팠으나, 문장은 차분했고
그 차분함이 오히려 더 큰 파동으로 다가왔다.

그날 이후 나는 종종 생각했다.
예술이란 무엇일까?
예술은 어쩌면 누군가의 억압된 시간이
우리의 심장을 두드리기 시작할 때 비로소 시작되는 것이 아닐까?
소리는 슬픔을 담는 그릇이었고
이청준의 문장은 그 소리를 꺼내는 손이었다.

나는 아직도 그해 봄을 기억한다.
단성사의 어둠, 스크린 위의 울림
그리고 종로서점에서 책장을 넘기던 그 어수선한 손끝까지
그 봄, 나는 예술을 만났다.
그것은 조용했고, 오래 남았다.
어쩌면 그날이 나의 시작이었는지도 모르겠다.

잃어버린 시간을 찾아서

한 입 베어 문 순간, 마들렌은 단지 과자가 아니었다. 그것은 열쇠였고, 문이었다.

혀끝에 닿은 감촉이 오래된 시간의 문을 조용히 열어젖히는 소리였다.

프루스트가 그러했듯, 우리도 가끔 아주 사소한 감각 앞에서 멈춰 서게 된다.

비에 젖은 나뭇잎의 냄새, 흙을 밟을 때의 푹신한 느낌, 바람이 귓불을 스치며 남기는 기척…

그 모든 것이 기억의 결을 따라 어딘가로 이끌고 간다.

기억은 직선이 아니라 결이다.

결을 따라 손끝을 문지르면, 잊힌 것처럼 보였던 시간이 되살아난다.

마치 오랜 시간 접혀 있던 천이 펼쳐지며 주름을 드러내듯

그 안에 고스란히 남아 있던 감정과 빛, 침묵이 다시 살아난다.

의식은 이따금 그런 방식으로 흐른다. 바깥에서 안으로, 현재에서 과거로 혹은 그 반대로

나는 산을 걷다가 문득 그런 흐름에 휩쓸린다.

숲의 냄새가 오래전 어떤 방을 떠오르게 하고, 새소리가 누군가의 웃음으로 변하며

흙냄새가 어린 날 젖은 신발의 감촉으로 되살아난다.

그것은 설명되지 않는 연결이다. 단지 "느껴진다"는 것으로만 말해지는 진실이다.

그렇게 나는 또 하나의 마들렌을 발견한다.

말없이 내 앞에 놓인 순간들 속에서

조용히 나를 감싸는 기억의 무늬를 읽는다.

비트겐슈타인

그는 말했다.
"내 언어의 한계는 곧 내 세계의 한계다."
이 문장은 철학책 속에서만 빛나는 문장이 아니다.
그 말은 매일의 일상, 우리가 주고받는 인사와 침묵
고백과 거절 속에서 살아 움직인다.

어떤 날은 말이 넘친다.
스마트폰 속 메시지 창에는 수많은 이모티콘과 단어들이 쏟아지고
뉴스에서는 끝도 없이 문장이 이어진다.
하지만 정작, 가장 중요한 순간엔 우리는 말문이 막힌다.
사랑한다고 말해야 할 타이밍에서 망설이고
미안하다고 해야 할 순간에 침묵한다.
그 순간, 우리는 느낀다.
언어가 우리의 삶을 설명하지 못하는 지점이 있다는 것을.

그러나 역설적으로 우리는 언어로밖에 삶을 건드릴 수 없다.
기억은 말로 남고, 사랑은 말로 전해지고
고통조차 입으로 새어 나와야 치유된다.
비트겐슈타인은 언어를 '도구'라 했다.

우리는 그 도구를 다듬고, 부러뜨리고, 때로는 집어던지며 살아간다.

그의 철학이 말하는 것은 언어가 진리를 가리킬 수는 없지만

언어 없이는 진리 근처에도 갈 수 없다는 사실이다.

삶이란 결국, 말로도 다 할 수 없고

말없이도 다가설 수 없는 그 중간 어딘가를 헤매는 일인지도 모른다.

우리는 누군가를 향해 "괜찮아"라고 말하며 애써 웃지만

그 '괜찮아' 속에 수많은 비틀림과 복잡한 의미가 담겨 있다.

비트겐슈타인이라면 말했을 것이다.

그 말의 의미는, 그 말이 쓰이는 '삶의 맥락' 안에서만 이해된다고.

말은 말 이전의 삶을 품고 있다.

그 말을 하기까지의 수많은 망설임

그 말을 듣는 사람의 표정

말하지 않은 말들의 공백.

그러니 언어는 단순히 우리가 쓰는 것이 아니다.

언어는 우리를 드러내고, 우리를 제한하며, 우리를 살아가게 한다.

말이 닿는 곳까지가 우리가 닿을 수 있는 세계다.

그러나 가장 깊은 것은, 끝내 말해지지 않는다.

그의 마지막 문장은

"말할 수 없는 것에 대하여는 침묵해야 한다"였다.

하지만 그 침묵 또한, 언어의 일부다.

삶이란 그런 것이다.

말할 수 있는 만큼 사랑하고

말하지 못한 만큼 살아 내는 일.

참을 수 없는 존재의 가벼움

처음 그 제목을 보았을 때, 나는 오래도록 그 여섯 글자를 들여다보았다.
'참을 수 없는 존재의 가벼움.'
이 문장은 어딘가 잘못된 것처럼 보였고, 동시에 너무도 정확해 보였다.
가벼움이 어떻게 참을 수 없을 수 있을까?
그러나 살아 보니, 그 문장이야말로 삶이었다.

사람들은 흔히 무게를 피하려 한다.
책임의 무게, 관계의 무게, 시간의 무게…
하지만 이상하게도, 어느 순간부터 나는 무거운 것보다
오히려 가벼운 것들이 나를 더 오래 아프게 한다는 걸 알게 되었다.

스쳐 지나간 말 한마디
오해처럼 흘러간 눈빛 하나
잊힌 줄 알았던 누군가의 이름
모두 가벼운 것들이다.
짐작조차 없고 계산도 없이 다가왔다가
어느 날 문득 가슴안에서 진눈깨비처럼 내려앉는다.
그리고 그 가벼움은, 너무 가벼워서
도무지 손으로 붙잡을 수도, 발로 밟을 수도 없다.

오로지 견디는 수밖에.

삶도 그렇다.
우리는 매일을 살아가지만 사실은 매일을 견뎌 내고 있다.
누군가의 무심한 인사, 문득 비어 있는 저녁 식탁
그늘 속에서 부스러지듯 사라진 웃음
그 모든 가벼운 순간들이 내 삶을 묵직하게 만든다.

나는 이 제목을 자주 되뇌었다.
누군가를 떠나보낼 때, 말없이 참고 견딜 때, 혼자라는 감각에 휘청일 때
그때마다 스스로를 다독이듯 중얼거렸다.
"참을 수 없는 존재의 가벼움." 그 말은 위로가 아니었다.
다만, 존재한다는 것 자체가 이미 고요한 투쟁이라는 것을 상기시키는
주문이었다.

밀란 쿤데라는 소설 속에서 인간 존재의 본질적인 모순을 그려 냈지만
나는 그 제목 하나로 충분했다.
그 여섯 글자가 나를 구했고, 나를 무너뜨렸고, 나를 붙잡아주었다.
나는 여전히 그 문장을 인용하며 산다.
그리고 여전히
그 가벼움을 견디고 있다.

프란츠 카프카

카프카는 말했다.

"책은 우리 내면의 얼어붙은 바다를 깨는 도끼여야 한다."

나는 이 말을 처음 읽었을 때, 무언가에 얻어맞은 듯 멍해졌다.

얼음이 깨지는 소리가 머릿속에서 들렸다.

그 순간부터 나는 문장을 쓰는 일이

누군가를 깨우는 일일지도 모른다고 생각했다.

아니, 깨어 있던 사람을 다시 무너뜨리는 일일지도 모른다고

말을 만든다는 건, 말 이전의 고요를 끝장낸다는 뜻이다.

그 고요가 누군가에겐 평온이었고, 누군가에겐 외면이었고

누군가에겐 살아남기 위한 둔감함이었다면

나는 그 위에 도끼를 내리치는 셈이다.

그래서 두려웠다.

내 글이 누군가를 건드릴까 봐

혹은, 아무도 건드리지 못할까 봐…

무엇을 써야 하는지보다

어떻게 견딜 것인가가 먼저 물음이 되었다.

내가 쓴 한 문장이 누군가의 심장을 들쑤실 수도 있고

또 어떤 이에게는 그저 지나가는 바람일 수도 있다.

도끼가 되지 못한 글은 누군가의 얼음을 두드리다 부러지고 만다.

그게 더 아팠다.

하지만 나는 알고 있다.

진짜 글은, 쓰는 사람 자신부터 깨야 한다는 것을.

남의 마음을 깨기 전에, 내 마음의 단단한 조각부터 금 가야 한다는 것을.

그러지 않고 쓴 글은 모양만 도끼일 뿐, 끝끝내 얼음 위를 맴돌다 사라진다.

나는 지금도 도끼를 들고 있다.

그게 쓸모 있는 도끼인지, 부러진 채 흉내만 내는 조각칼인지

매일 의심하면서도 다시 문장 앞에 선다.

글을 쓴다는 것은 결국, 누군가의 심연을 향해 눈을 감고 내리치는 일이다.

그러니 글은, 가볍지 않다.

그래서 나는 아직도, 두렵다.

그 두려움 덕분에, 아직도 쓰고 있다.

*두 번째 창, 음악
유난히 좋아했던 프로그레시브 록*

꿈을 꿔야 할 나이에, 나는 혼란 속에 있었다.

어떤 위로도 쉽게 부서졌고, 말들은 공허하게 흩어졌다.

그때 나는 음악을 찾았다.

그것은 단지 들리는 소리가 아니었다.

기타의 울림은 말보다 먼저 가슴에 스며들었고,

키보드의 멜로디는 균열 난 현실 속에서 조용히 길을 비춰 주었다.

나는 자주 외로웠고, 자주 질문했다.

나는 무엇인가 우리는 어디로 가는가

이 세계가 하나의 우연이라면, 내가 품는 감정과 사유는 대체 어떤 의미
를 가지는가.

답은 없었지만, 몇몇 음악은 나를 붙들어 주었다.

정확히는, 나보다 먼저 질문했던 자들의 울림이 내 안에 남아 있었다.

그들은 인생을 노래하지 않았다. 인생이 무엇인지, 차라리 묻고 있었다.

기억과 환상, 존재와 불안, 사랑과 소멸, 시간과 구원.

삶의 끝자락에 있는 주제들을 정면으로 마주한 채, 결코 쉬운 화음을
선택하지 않았다.

그래서 나는 그 음악들을 사랑할 수밖에 없었다.
그 음악은 나에게 정신이었고, 철학이었고
무엇보다 말로 다할 수 없는 내면을 꺼내 주는 시였다.

혼자 듣는 새벽, 천장에 번지는 무늬를 바라보다 보면, 세상은 잠시 멈춘 듯했다.
삶이라는 이 거칠고 빠른 흐름이 잠시 부유했고
나는 그 안에서 마침내 숨을 쉴 수 있었다.

시간은 흘렀지만, 그 음악은 내 안에서 자라고 있었다.
고요한 물처럼, 깊고 단단하게…

그 시절 나를 관통했던 프로그레시브 록 노래들

핑크 플로이드 Time
바클리 제임스 하비스트 Poor Man's Moody Blues
일렉트릭 라이트 오케스트라 Midnight Blue
앨런 파슨스 프로젝트 Eye in the Sky
킹 크림슨 Epitaph

조용필 : 생명

산울림 : 슬픈 장난감

부활 : 회상

넥스트 : 불멸에 관하여

노고지리 : 찻잔

산울림

산울림은 단지 음악을 연주한 이들이 아니다.
그들은 사색을 연주한 이들이었고, 내 삶 깊은 곳에서 말을 건넨 산문
이었다.

그들의 노래는 흔히 말하는 노랫말이 아니라
그저 멜로디에 얹힌 문장이 아니라
어딘가에서 방금 막 써 내려간 한 편의 내면 독백 같았다.
나는 그들의 음악을 들으며 무언가를 느끼는 게 아니라, 무언가를 생각
하게 되었다.
그건 '좋다'는 말로는 설명되지 않는 종류의 감정이었다.
'나를 생각하게 하는 노래.' 그게 산울림이었다.

10집 〈너의 의미〉를 들을 때면, 사람을 사랑한다는 건 결국 존재를 인정
해 주는 일이라는 생각이 들었다.
말없이 곁에 있어 주는 것, 그게 전부일 수도 있다는 걸.

8집 〈회상〉은 지나간 것들에 대한 비탄이 아니라
지나간 것들과 여전히 함께 살아가는 방식에 대해 말해 주었다.
추억은 덜어 내는 게 아니라, 어깨에 조용히 얹고 가는 것.

그 노래를 듣고 난 뒤부터, 나는 과거를 밀어내는 대신 함께 산다는 말을 믿게 되었다.

싱글 〈꼬마야〉를 듣고는 내가 얼마나 빨리 어른이 되려 애썼는지 돌아봤다.
나도 한때는 말썽꾸러기였는데, 언제부턴가 말이 줄고, 눈치를 보게 되고,
이유 없이 혼자 울게 되었다. 그 노래는 나에게 묻는 것 같았다.
꼬마야, 아직 거기 있니?

7집 〈청춘〉이라는 노래는, 이상하게 나를 부끄럽게 만들었다.
청춘이 아름다워서가 아니라, 나는 과연 그렇게 살아 봤는가 하고
그들은 청춘을 찬양하지 않았고, 오히려 그것의 덧없음과 무모함을 노래했다.
그것이 진짜 청춘이었다. 과장되지 않은 불안, 진짜의 외로움
그것을 말할 수 있었기에 산울림은 언제나 나보다 조금 앞서 있었다.

6집 〈찻잔〉 같은 노래를 듣고 있으면,
사람이란 얼마나 자주 말을 미루며 사는가를 생각하게 된다.
말하지 않아도 전해질 거라 믿으며, 결국은 전하지 못한 마음을 혼자 오래 품게 되는
그런 장면들을 찻잔 속 김처럼 조용히 보여 준다.

그 노래를 들을 때마다, 나는 자주 말하자고 다짐했지만
여전히 말은 늦었고, 마음은 다시 젖었다.

그리고 마지막으로
〈창문 너머 어렴풋이 옛 생각이 나겠지요〉라는 제목은 그 자체로 한 편
의 산문이었다.
문장처럼 길고, 시처럼 고요하며, 기억처럼 어렴풋했다.
그 노래를 듣는 순간, 나는 나의 창문을 열었고
어느 이름 모를 오후가 내게로 흘러 들어왔다.

결국, 산울림은 내가 음악을 통해 생각하는 사람이 되게 해 주었다.
사랑에 대해, 청춘에 대해, 상실과 기다림에 대해, 그리고 나 자신에
대해
그들의 노래는 내게 말을 걸었고, 나는 그 말에 오래 귀 기울였다.
그래서 나는 말할 수 있다.
산울림은 음악이 아닌 하나의 문장, 내 인생에 등장한 조용한 산문이
었다고.
그리고 그 문장들은 지금도 내 안에서 계속 쓰이고 있다고.

추억의 Time을 틀다

음악은 기억이다.
어느 날 우연히 들은 오래된 노래 한 곡이
마치 낡은 일기장을 펼치듯 과거의 어느 날로 나를 데려간다.
그날의 공기, 햇살의 결, 창밖을 스쳐 가던 계절의 색까지 선명하게 되
살아난다.

음악은 단순한 소리가 아니다.
그것은 시간의 이음매이고, 기억의 경첩이며, 마음속에 조용히 숨 쉬던
감정의 흔적이다.

아마 1988년 무렵이었을 것이다.
당시엔 외국 밴드의 공연 실황이나 희귀 레코드판을 국내에서 구하기
란 쉽지 않았다.
그래서 나는, 마치 음악을 찾아 떠나는 여행자처럼 명동 지하상가를
헤매고, 종로 뒷골목을 천천히 걸었다.
한 장의 녹화 테이프를 손에 넣기 위해 수십 개의 가게를 들렀다.
작고 어두운 가게 안, 진열대에 놓인 낯선 앨범들과 눈을 마주치고
조심스럽게 하나씩 꺼내 보며 마음속에서 조용한 설렘이 일었다.

때때로 해적판의 거친 음질과 흐릿한 화질에 실망하기도 했지만
그날의 음악을 품에 안고 집으로 돌아오던 저녁의 공기는 지금도 또렷
하다.
턴테이블 위에 그 레코드를 올리고, 바늘을 살포시 올려놓는 순간
바스락거리는 소리와 함께 첫 곡이 시작되면 온 세상이 멈춘 듯했다.
그때의 떨림, 그 벅찬 설렘은 오랜 시간이 지난 지금도 내 가슴 한 켠에
서 조용히 숨 쉬고 있다.
그 시절의 음악은 단순한 취향이 아니라, 나라는 사람을 만들어 준 조
각들이었다.

그런 음악들은 그날의 온도를 기억하고 있다.
지금 다시 들어 보면, 마치 그 시절의 나를 따뜻하게 껴안는 듯하다.
시간이 흘러 많은 것이 변했지만, 그때 그 감정만은 노래 속에서 여전
히 살아 숨 쉰다.

음악은 기억의 지문이다.
우리는 종종 그것을 무심히 흘려보내지만
진심으로 귀 기울이면 삶의 어느 순간이 고스란히 되살아난다.
그래서 우리는 음악을 듣는 것이 아니라, 그때의 나를 다시 만나는 것
이다.
그리고 그 만남은, 언젠가 잊었다고 생각했던 나를 다정하게 깨워
준다.

하루는 너무 짧고, 삶은 너무 빠르다.
핑크 플로이드의 'Time'을 듣는 순간
우리는 마치 벽에 걸린 오래된 시계처럼 현실로 되돌아온다.
똑딱 똑딱 똑딱, 단조롭고도 무심한 시계 소리 속에 던져진 채
우린 우리가 잃어버린 시간을 돌아본다.

이 노래는 시작부터 말이 없다.
단지 울리는 종소리, 겹겹이 포개진 시계의 진자 소리, 그리고 숨죽인
기다림
그 침묵 속에서 시간은 무섭도록 선명해진다.
기다려 주지 않는 것, 설명 없이 지나가는 것.

데이비드 길모어의 기타가 멀리서부터 다가온다.
마치 아주 오랜 시간 동안 억눌러 온 감정을 한꺼번에 쏟아 내듯, 분노
도 슬픔도, 자책도 담겨 있다.
그의 손끝에서 뿜어져 나오는 선율은, 우리가 미뤄 둔 꿈들, 다 하지 못
한 말들…
그리고 한 번도 진심으로 사과하지 못한 지난날들을 부드럽게 난도질
한다.

'어느새 일 년이 지나 있고, 너는 또 하나의 태양 아래서 늙어 있다.' 이
한 줄이 가슴을 내려친다.

나중에, 언젠가, 다음에, 라는 말로 위로하던 우리의 모든 미래는 과거가
되어 있다.

'시간'은 그렇게, 아무런 사전 통보 없이 지나가 버린다.

이 곡은 묻는다.

너는 지금, 살아 있는가?

너는 네 시간을 스스로 선택하고 있는가?

아니면 그냥, 흘러가는 쪽에 서서 박수만 치고 있는가?

길 위의 노래

어린 날, 아버지는 늘 거센 바람 같았다.
쉽게 가까이할 수 없었고, 자주 나를 아프게 쓰러트렸다.
집은 가난해 바람 한 줄도 막아 내지 못하는 낡은 지붕 같았고,
나는 감성 한 줌을 움켜쥔 채 비좁은 골목을 떠돌았다.

중학교 1학년,
별것 없던 생일날, 친구가 건넨 작은 선물.
김범룡 1집 테이프 한 장.
그날 밤, 나는 처음으로 어떤 노래와 진심으로 소통했던 거 같다.
테이프 안에 숨어 있던 슬픈 곡들이
조용히 내 마음에 들어와 등을 토닥였고,
나는 말없이 위로받았으며 울었다.

그의 노래는 내 안에 길을 냈고,
나는 그 길 위에서 비로소 나 자신과 마주하기 시작했다.

지금도 나는 차 안에서 음악을 듣는다.
길을 따라 흘러가다,
해 질 무렵 마음 가는 곳에 멈춰

노래에 몸을 기대고, 생각에 마음을 기대며
무언가를 조용히 끄적인다.

사춘기의 강을 건너고,
오춘기의 파도에 몸을 부딪치며
'나는 세상을 잘못 살아온 건 아닐까'
수없이 물었던 날들이었다.

모든 걸 내려놓고 그냥 사라지고 싶던 순간도 있었지만
그런 길 위에서 나를 붙잡아 준 건
낡은 자동차와 오래된 노래들이었다.

나는 멈추지 않았다.
오늘도 조용히 음악을 틀고,
멀리, 더 멀리 흘러가며
작은 목소리로 속삭인다.

그때 내게로 와서
고맙다고,
참 고맙다고…

밤의 플랫트홈 1985. 김범룡 1집 수록곡

〈감상〉

혼자 남은 플랫폼

어둠이 내린 밤, 기차역 플랫폼
나는 혼자 서 있고, 기차는 천천히
그러나 분명하게 나를 두고 멀어지고 있었다.

실제로 그런 적은 없었다.
누굴 떠나보낸 적도, 이별을 겪은 적도
그런데 이상하게, 이 노래만 들으면
마음 어딘가가 저릿하게 쓸쓸해졌다.

기차는 마치 세상 같았다.
내가 아닌 모든 것들, 사람들, 시간들, 꿈과 감정들,
그 모든 것이 나를 두고 저 멀리 가 버리는 것만 같았다.
나는 따라갈 수 없었으니
그저 멀어지는 불빛을 바라보며, 조용히 서 있을 뿐이었다.

귀뚜라미 소리가 바람을 타고 귓가에 스치면

플랫폼의 공기가 더 싸늘하게 느껴졌고
별이 떠 있는 밤하늘을 올려다보며 눈물을 참았다.

그건 현실이 아니었다.
하지만 그 노래 속 공간에서
나는 분명히 외로웠고, 쓸쓸했고
아무 말 없이 세상을 떠나보내고 있었다.

데미안 라이스

그의 음악을 듣고 있으면,
어쩐지 우리 정서와 맞닿아 있다는 느낌이 든다.
말보다는 마음이 먼저 움직이고,
격한 표현보다 가만히 삼킨 숨결이 더 큰 울림을 주는 것처럼
그의 음악은 격정이 아니라 절제에서 시작된다.
드러내지 않아도 깊고, 말하지 않아도 전해지는 그런…

그는 아일랜드의 안갯속에서 태어나 고요한 들판을 걸으며 자랐다.
처음 기타를 손에 쥐었을 때부터 그는 이미 알고 있었는지도 모른다.
진짜 감정은 오히려 낮은 목소리로, 아주 조용한 노래로 더 멀리 퍼져
나간다는 것을…

한때는 밴드 '주니퍼'의 멤버였지만, 방향이 달랐고, 그는 결국 혼자의
길을 택했다.
그렇게 발표한 첫 앨범 O는 화려하지 않았지만 묵직했다.
특히 "The Blower's Daughter"는 마치 끝난 사랑 앞에서
아무 말 없이 돌아서는 사람의 뒷모습 같았다.

그의 음악은 어딘가 우리와 닮아 있다.

한국의 시 한 편, 오래된 영화 속 장면, 말없이 창밖을 바라보던 어떤
저녁
그것들은 모두 감정을 겉으로 드러내기보다는
마음속 깊은 곳에 담아 두는 방식으로 존재한다.

라이스는 그 방식 그대로 노래한다.
기타 하나, 피아노 하나,
솔직한 마음 하나 그리고 애절한 목소리 하나…
시네이드 오코너의 부고를 들었을 때, 그는 별다른 말을 하지 않고
Nothing Compares 2 U를 불렀다.
그 노래 안에 담긴 슬픔은 오히려 말보다 진했다.

데미안 라이스는 음악으로 말한다.
절제 속에서 피어나는 감정, 조용한 마음에서 흘러나오는 진심
그것은 곧 우리에게 익숙한 울림이기도 하다. 마치
오래된 감정 하나가 가슴속에서 천천히,
그러나 확실하게 깨어나는 것처럼.

2006. 앨범9. 데미안 라이스

Elephant

이 음악을 듣고 있으면,
어딘가로 나 자신이 조용히 옮겨지는 기분이 든다.
그곳은 이름도 없고, 목적지도 없는
그냥 '놓여 있는' 공간.

그 노래는 어떤 결단도 요구하지 않는다.
슬프다고 말하지도 않고, 위로하려고도 하지 않지.
그저 그 자리에서,
지금의 나를 조용히 바라보게 만든다.

마치 오래된 상자 안에서 꺼낸 감정들이
먼지를 털지도 않은 채 그대로 펼쳐지는 것 같은
익숙하지만 오래 잊고 있었던 감정들
잊은 줄 알았던 말, 누군가의 눈빛,
끝나 버린 어떤 대화의 뒷면.

그럴 때마다 나는,

내가 한때 머물렀던 마음의 풍경 앞에
다시 앉아 있는 느낌이 든다.
누구도 찾지 않는 그 자리에서
나는 나를 다시 만나는 거지.

그게 쓸쓸하다는 걸 알면서도
이상하게 거기 머무르고 싶어진다.
그래서 이 노래가 끝나기 전까진
그 쓸쓸함을 조용히 껴안고 있게 된다.

우리가 만난 밥 딜런, 정태춘을 위하여

세상은 늘 바쁘게 흘러가고, 사람들은 대체로 그 흐름을 따라간다.
그러나 정태춘은 그 반대편에서 노래해 왔다.
기성의 멜로디가 흘러가는 동안, 그는 기타 한 대와 맨몸으로 맞섰다.
어떤 시대는 그를 침묵시키려 했고, 또 어떤 시대는 그를 지워 버리려
했다.
그러나 그는 끝내 지워지지 않는 노래로, 잊히지 않는 목소리로 남았다.

정태춘을 듣는다는 건, 단순히 노래를 듣는 일이 아니다.
그것은 한 시대의 고통을, 분노를, 기도를, 그리고 사랑을 온몸으로 껴
안는 일이다.
그의 노래는 곧 에세이고, 그의 에세이는 곧 인생이다.
그리고 그 인생은 누군가의 삶을, 누군가의 길을 구원해 주곤 했다.

나는 그랬다.

삶이 고단하고, 세상이 외면할 때, 정태춘의 노래는 낡은 라디오에서
흘러나왔다.
"92년 장마, 종로에서" 앨범은 내 가슴을 무너뜨렸고
"사랑하는 이에게"라는 멜로디가 내 등을 다독였다.

그의 기타 소리는 울부짖음이었고, 그의 목소리는 기도였다.
언뜻 거칠고 투박했지만, 그 속에는 누구보다 맑고 단단한 중심이 있었다.

정태춘은 말한다.
"나는 노래를 만들었지만, 그 노래들이 나를 만든 것이다."

그는 항상 음악보다 먼저 인간이었다.
방송 출연을 거부하고, 대형 기획사와도 거리 두기를 한 채 그는 스스로의 진실에만 충실했다.
그 진실은 이익보다 슬픔에 가까웠고, 인기보다 외로움에 가까웠다.
그러나 바로 그 외로움에서 우리는 위로를 얻었다.

그가 있었기에, 우리는 질문할 수 있었다.
이 나라는 누구의 것인가.
음악은 무엇을 말해야 하는가.
사람은 어떻게 살아야 하는가.

정태춘은 이 질문들을 피하지 않았고 자신의 노래 안에 그 답들을 남겨두었다.
누군가는 그를 가수라 부르겠지만, 나는 그를 '길 위의 시인'이라 부르고 싶다.
소리를 잃은 시대에 노래했던 사람, 말이 금기였던 시절에 침묵을 거부

한 사람.

그리고 이제, 그의 산문 같은 음표는 우리에게 남겨진 또 하나의 불씨가 된다.

우리는 여전히 어두운 터널을 지나고 있다.

그렇기에 더욱, 정태춘이 필요하다.

그의 가사가, 그의 곡조가, 그의 노래가

세상의 가장 낮은 자리에서, 다시 한 번 우리를 일으켜 주기를…

*세 번째 창, 영화
나는 오늘 밤 영화가 된다*

어느 철학자는 말했다.

"기쁨을 나눌 친구가 없다면, 세상의 모든 아름다움이 무슨 소용인가."

맞는 말이다. 하지만 꼭 사람이어야 할까?

사람과의 관계에서 상처를 입거나,

하루 종일 도시의 소음에 파묻혀 있다가

책상 앞에 앉으면, 변함없이 나를 기다리는 것들이 있다.

바로 영화들.

그들은 늘 제자리에 있다.

한 줄로 정렬된 제목들, 손에 익은 포스터들,

어떤 날은 무심히 지나치고, 어떤 날은 오래도록 머물러 바라보는 이름들.

나는 그들의 총화이고, 그들은 나의 자서전이다.

함께한 시간만큼 나를 닮아 있고,

때때로 나도 그들을 닮아 간다.

영화를 본다는 것은 단순한 감상이 아니다.

한 사람을 마주 보고 서서,

그 영혼에 새겨진 흔적을 들여다보는 일이다.

그렇게 우리는 서로에게 조용히 스며든다.

좋은 영화는 아주 잠시, 나를 타인으로 만든다.
아주 잠시…
그러나 어떤 영화들은 그 '잠시'를 훌쩍 넘겨,
오랫동안 내 안에 머문다.
때로는 나와 뒤섞여, 반쯤 남이 된 채로 남는다.
그래서 한 편의 명작을 본다는 것은
또 하나의 삶을 사는 것과 같다.
백 편의 명작을 보면, 백 사람의 삶을 살아가는 것.

그러므로 오늘 밤, 나는 로만 폴란스키이고, 크리스토퍼 놀란이며,
홍상수이고, 이창동이다.
나는 그들의 시선을 빌려 세상을 바라보고,
그들의 목소리를 빌려 침묵한다.

그리고 언젠가, 나도 한 편의 영화처럼
슬그머니 이곳을 떠날 것이다.

이창동

이 감독 영화는 느리다.
대중들은 말한다, 그는 너무 영화를 만들지 않는다고.
하지만 나는 그 말속에서 어쩐지 위로를 받는다.
그가 영화를 만들지 않는 시간에도, 나는 그의 영화 속 장면들을 다시
꺼내 본다.
기억은 편집되지 않은 필름처럼 나를 따라오고,
나는 그의 인물들처럼 세상의 균열 앞에서 멍하니 선다.

그의 영화에는 늘 말해지지 않는 것들이 있는데
침묵이 대사를 덮고, 현실이 환상을 누르고,
무심한 풍경이 인물의 감정을 끌어안고
나는 그런 메타포를 사랑한다.
그는 말하지 않음으로써, 가장 중요한 것을 말하는데
그것이 나의 시와 닮았다고 느낀 적이 있다.
그저 바라보는 것, 버티는 것, 지나치지 않고 멈춰 서는 것.

나는 때로 세상이 말이 너무 많다고 느낀다.
누구나 말하고, 누구나 설득하고, 누구나 정답을 갖고 있지.
하지만 이창동은 질문을 남긴다.

그것은 나에게 시를 쓰게 한 첫 울림과 닮아 있는 것…
이해할 수 없어도, 끝까지 살아 있어야 한다는 무언의 외침
'왜'라는 물음 앞에서 침묵하는 태도.

그의 영화가 더 자주 나오지 않음에 불만을 가지면서도
나는 안다.
그는 작품이 아니라 시간을 쓰는 사람이라는 것을.
시도 그렇다.
무언가 쓰지 않기 위해 더 많은 것을 보고
쓰지 않기 위해 오래 견디는 일.

이창동의 느림은 나의 느림과 손을 잡는다.
침묵과 단어 사이에서,
나는 나의 메타포를 조용히 세운다.

시

2010. 이창동. 작품

이창동 감독의 시를 보고, 나는 오래도록 말이 없었다.
마치 누군가 내 안에 오래 감춰 두었던 것을 꺼내어
조용히 들여다보는 듯했다.

미자는 시를 배우며 시를 쓰려 한다.
하지만 그녀가 마주한 현실은 말로 다 담을 수 없는 폭력과 침묵
그리고 외면이었다.
나는 시인으로서, 그 장면들이 내 안을 자꾸 흔들었다.

시는 아름다움을 쓰는 일만이 아니라
시를 쓴다는 건, 세상을 외면하지 않는 일이다.
눈부신 꽃을 노래하기 위해선 그 꽃 아래 깔린 어둠도 함께 봐야 하고
미자는 그것을 외면하지 않기로 한다.
아무도 기억하지 않으려는 소녀의 고통을
끝내 언어로 불러내기로 한다.

나는 종종 시를 쓰며 망설이는데
이 아픔을 써도 될까?

이 현실을 내 언어로 말할 자격이 있을까?

하지만 시는 말해 주었다.

말하지 않으면 사라진다고

기억하지 않으면 끝내 아무 일도 없었던 것이 된다고.

미자의 마지막 시는

삶과 죽음 사이에서 건져 올린 작은 진실 같았다.

그녀가 쓴 시는 고발이자 기도였고, 용기이자 작별이었다.

나도 다시 시를 쓰고 싶어졌다.

잊지 않기 위해, 쓰는 사람으로 살아 있기 위해…

크리스토퍼 놀란

그의 영화는 모래 폭풍…
방향을 알 수 없고, 시간은 직선이 아니라 회오리처럼 휘돌아
앞으로 나아가는가 싶으면 어느새 거슬러 올라가고, 과거는 현재를 잠
식하고
시간은 그의 손안에 들렸다가 다시 흩뿌려진다.
기억은 접히고, 구겨지고, 미로처럼 얽히고,
꿈은 또 다른 꿈 위에 겹쳐져 현실을 덮어 버리고…

우리는 그가 창조한 세계에서 길을 잃는다.
낯선 도시의 모퉁이에서, 무중력의 복도에서,
때로는 사랑이 빛보다 먼저 도달하는 우주의 깊은 곳에서
그의 세계는 늘 낯설고 그만큼 경이롭다.
익숙함이 주지 못하는 감각으로 우리를 자극하고
상식의 경계를 깨부수니…

그런 혼돈 속에서 문득 깨닫는다.
그의 영화 속 세계는 단지 허구가 아니라
우리 삶 역시 그렇게 생경하고, 뒤엉켜 있고, 선명하지 않다는 걸.
시간은 때때로 우리를 배신하고, 기억은 왜곡되며

사랑은 설명할 수 없는 방식으로 모든 걸 이끌고
우리는 매일 같은 하루를 반복하면서도
어제와 오늘이 전혀 다른 결말을 가져오는 삶을 사니 말이다.

놀란의 영화처럼, 우리의 삶도 하나의 거대한 퍼즐이다.
각자의 조각은 흩어져 있고 어떤 조각은 잃어버린 것 같지만
결국에는 어딘가 꼭 맞는 자리를 찾아가며 하나의 이야기를 완성해
가니
우리가 겪는 시간, 감정, 선택, 그 모든 장면이 모여 하나의 필름을 이
룬다.
그의 영화가 그러하듯, 우리의 삶도 복잡하고, 불완전하고, 그래서 더
찬란하다.

영화는 그저 영화가 아니다.
어쩌면 그것은 우리의 삶 그 자체라
아름답다.

인셉션

2010. 크리스토퍼 놀란. 작품

인셉션을 보고 나면
현실이라는 말이 얼마나 불확실한지 다시 생각하게 된다.
영화 속 인물들이 그렇듯 우리 역시 얇은 얼음 위를 걷고 있는 것 같고
이곳이 분명 현실이라 믿고 한 발 한 발 내디디지만
어느 순간 작은 균열이 생겨 그 틈 사이로 꿈처럼 스며든다.
눈에 보이지도 만져지지도 않는 그 꿈은 천천히 발밑을 뒤흔들고
우리는 다시금 길을 잃는다.

그렇게 우린
무중력의 복도처럼 모든 것이 뒤틀리는 순간이 있다.
익숙하던 것들이 낯설게 느껴지고
분명히 기억한다고 여겼던 장면들은 미로처럼 꼬여 버린다.
사람들의 얼굴은 스쳐 지나가고, 관계는 층층이 쌓인 꿈의 구조처럼
복잡하고
그 안에서 나조차도 누구인지 헷갈릴 때가 있으니

삶도 어쩌면 꿈처럼 겹겹이 겹쳐진 구조 아닌가?
어린 날의 기억 위에 청춘의 고민이 덧입혀지고

상처 위로 다시 웃음이 내려앉았는데

현실이라고 단정 지을 수 없는 이 세계에서

우리는 매일 깨어나는 순간을 반복하지만

진짜 깨어난 건지, 여전히 다른 꿈을 꾸고 있는 건지…

팽이는 돌고, 멈추지 않고, 흔들리지도 않는다.

마치 우리의 시간처럼 흘러가는 듯하지만 어느 순간엔 정지한 것 같기도 하고

같은 자리를 맴도는 것처럼 느껴지기도 한다.

우리는 지금 여기가 현실이라고 믿으며 살아가지만

어쩌면 그 믿음 자체가 또 다른 꿈의 한 장면일 수도 있다는 것.

그러나 그 불확실함이 꼭 두려운 건 아니므로

우리가 살아가는 매일은 그래서 더 깊고, 더 다채롭다.

깨어난 줄 알면서도 여전히 꿈을 꾸고 있는지도 모른다는 사실.

그것이 바로 우리가 살아가는 방식.

꿈과 현실 사이, 그 모호한 경계에서 우리는 조금씩 앞으로 나아간다.

로만 폴란스키

로만 폴란스키… 그의 이름만으로도 수많은 감정이 교차한다.
전쟁, 상실, 망명, 스캔들, 그리고 예술…
그의 인생은 파란만장하다는 말로는 모자라다.
유대인으로서 나치의 박해를 피해 살아남았고
어린 시절 어머니를 아우슈비츠에서 잃었다.
그 상처는 그의 영화 곳곳에 어둡고도 깊은 그림자를 드리운다.

그러나 그는 상처 속에서 이야기를 만들었다.
로즈메리의 아기에서는 인간 내면의 공포를
차이나타운에서는 타락한 사회의 단면을
그리고 피아니스트에서는 전쟁 속 인간의 존엄을 이야기한다.
그의 영화는 종종 불편하고, 어둡고, 잔인하다.
하지만 그것이야말로 우리가 외면하고 싶은 진실의 얼굴일지도 모른다.
그는 그것을 미화하지 않고 가만히 드러낼 뿐.

인생이란 반드시 아름다울 필요는 없다는 것.
예술이란 고통과 모순 속에서도 피어날 수 있다는 것.
폴란스키는 그것을 보여 준다.
우리가 배울 수 있는 점은 단순하지 않다.

그의 삶과 예술은 늘 질문을 던지니

"그럼에도 불구하고, 예술은 가능할까?" 그의 대답은 언제나 작품이었다.

나는 그의 삶이 결코 모범적이라 말할 수 없음을 안다.

그의 개인사는 논란과 비판을 동반해 왔다.

그러나 동시에, 그의 작품은 인간 존재의 심연을 들여다보게 한다.

정답보다는 질문을 남기고, 해답보다는 감정을 남긴다.

그것이 예술의 힘 아닐까?

피아니스트

2002. 로만 폴란스키. 작품

도시는 무너졌다.

총성은 멎었지만 모든 것이 사라진 자리엔 잿빛 먼지만이,

시간조차 붉게 녹슬어

마치 피처럼 천천히 흘러내리고

폐허의 중심에서 한 남자가 피아노 앞에 앉아 있다.

아무 소리도 들리지 않지만, 그의 눈빛엔 음악이 흐르고

떨리는 손끝에는 여전히 생이 있다.

영화 피아니스트는 그런 순간을 담아 낸다.

삶이 완전히 부서지고

인간의 존엄이 짓밟힌 전장의 한복판에서도 그는 피아노 앞에 앉는다.

연주하지 않지만 연주할 수 없지만,

손가락은 얼어붙고 숨은 몸속 깊이 숨어 버렸지만,

음악은 그를 떠나지 않았다.

아무 소리도 나지 않는 그 순간에도 음악은 존재했으리라

소리가 아니라 기억과 의지와 존재의 깊은 울림으로.

굶주림과 공포 속에서 그는 버텼고

연주하지 않음으로써 연주했고, 침묵으로 말했으며,

살아남음으로써 예술을 증명했다.

마침내 도시가 고요해지고, 피아노가 다시 놓인 순간,

그 첫 음을 울렸다.

그건 단지 음악이 아니었고 그것은 생존이었고, 존엄이었고,

인간이라는 이름으로 내는 마지막 저항이었다.

음악은 그렇게, 상처 위에 피어났으며

건반 위에 남은 흉터처럼,

인간의 가장 깊은 곳에서 조용히 숨 쉬며 울려 퍼진다.

또 영화에서 배운다.

예술은 때로 침묵 속에서도 살아 있고, 연주되지 않아도 흐르며

인간이 가장 인간답게 존재할 수 있는 마지막 자리에 놓인다는 것을…

홍상수

우리는 하루하루를 살아가며 별일 없는 대화를 나누고
밥을 먹고, 술을 마시고, 사랑하고, 때로는 이별하는데
그 속엔 과장된 드라마도, 눈에 띄는 전환점도 없다.
그러나 어느 순간
지나가던 말 한마디나 누군가의 표정 하나에 마음이 머문다.
마치 홍상수의 영화처럼…

그의 영화는 우리에게 삶을 낯설게 바라보는 방식을 가르쳐 준다.
평범한 장면들이 이어지지만, 그 반복 안에는 미묘한 변주가 있으니
말투 하나, 시선의 방향 하나가 관계를 틀고, 인물의 속을 드러낸다.
같은 하루라도 어떻게 말하느냐
어디에 앉느냐에 따라 완전히 다른 이야기가 되는 것처럼
그건 단지 영화적 기법이 아니라, 우리가 사는 방식이기도 하기에…

감독의 인물들은 술 앞에서 철학자가 되고
그 말들이 가벼운 농담처럼 흐르다가도 뜻밖에 가슴을 치고
삶이란 결국 그런 것이다.
어색함과 침묵, 무의미해 보이는 순간들이 쌓여 진심이 되고
고요한 풍경이 한 사람의 마음을 대변하기도 하니…

그는 반복을 통해 말한다.

우리는 자꾸 비슷한 선택을 하고, 비슷한 후회를 반복하지만

그 안엔 아주 작지만 중요한 차이가 있다.

그 작은 차이를 알아보는 감각, 그것이 어쩌면 우리가 배워야 할 것.

드러내지 않되 속은 깊고, 복잡하지 않지만 결코 단순하지 않은 삶의 결.

그걸 알아보는 눈을, 그의 영화는 천천히 우리에게 건넨다.

누군가에겐 지루하다고 느낄 수 있는 영화들…

하지만 조용히 흐르는 장면 속에서

아무 말도 하지 않는 인물의 얼굴에서

문득 나 자신을 마주치게 되는 순간 홍상수의 영화는 그렇게 오래 남는다.

그리고 우리도 그렇게, 누군가의 마음에 오래 남을 수 있지 않을까…

옥희의 영화

2010. 홍상수. 작품

어쩌면 우리는 같은 장면을 조금씩 다른 시선으로 바라보며 살아가는
지도…
영화는 이렇게 말한다.
같은 학교, 같은 사람들, 비슷한 대화와 반복되는 술자리
그러나 이야기는 네 개의 단편으로 나뉘고 각기 다른 온도와 시점으로
흐르는데
우리는 그 안에서 조금씩 변해 가는 마음의 결을 본다.

첫 번째 시선에선 모든 게 설렘
낯선 강의실, 누군가를 향한 관심
어딘가 어색하고 서툰 말들이 새로운 관계를 만들어 간다.

두 번째 이야기에서는 그 설렘이 타인의 시선 속에서 일그러지고
웃음은 어딘가 불편하며 익숙했던 말들은 갑자기 낯설게 들린다.

세 번째에 이르면 사랑과 실망은 모호하게 엉겨
누군가는 여전히 다정하지만, 누군가는 이미 멀어져 있다.

그리고 마지막 장면에서 우리는 비로소
'옥희'의 시선을 통해 앞선 이야기들을 다시 바라본다.

그때야 알게 된다. 사랑은 언제나 진심이었지만
그 진심이 서로에게 닿는 방식은 달랐다는 것을…
같은 계절 같지만 결이 다른 날씨처럼
같은 공간 속에서도 마음은 늘 어긋나고, 가까워지고, 또 멀어진다는
것을…

이 영화는 말없이 묻는다.
누가 옳았는지, 누가 더 사랑했는지를 따지기보다
그 모든 시간이 결국 우리를 만든 건 아니냐고
그렇게 우리는 각자의 단편을 이어 붙이며 하루하루를 살아간다.
사랑하고, 실망하고, 그리워하면서 때로는 하나의 이야기로 묶을 수
없는 마음을 안고…

*네 번째 창, 그림
마음 벽에 걸린 풍경*

우리는 매일 눈으로 세상을 본다.

하지만 모든 걸 본다고 해서, 모든 걸 느낀다고 말할 수는 없다.

현실은 거칠고 바쁘고 단단하다.

많은 말들과 광고가 차오르는 일상 속에서 우리는 점점 더 속이 메말라

간다.

그런 삶에 문득, 한 점의 그림이 들어온다.

그림은 아무 말도 하지 않지만, 그 침묵 속에 오히려 마음이 놓인다.

왜 우리는 그림 앞에서 한참을 멈춰 서게 될까?

그림은 보여 주는 것이 아니라, 느끼게 하는 것이기 때문이다.

한 점의 붓질, 하나의 색감 속에 화가는 자신의 마음을 숨겨 놓고

우리는 그 마음을 눈으로 더듬어 가며 자기 안의 무언가를 발견한다.

어쩌면 그건 내가 잊고 있던 감정일 수도 있고, 이름 붙이지 못했던 생각

일 수도 있다.

우리 인생에 그림이 필요한 이유는, 그림이 삶을 해석하는 또 하나의

언어이기 때문이다.

그림은 시처럼 무엇인가를 설명하려 하지 않는다.

대신 조용히 곁에 머물며 말한다. "너는 지금, 충분히 느껴도 괜찮아"라고
그래서 우리는 그림 앞에서 안심하고 눈을 감기도 하고, 오래 생각하기
도 한다.
그림은 대답이 아닌 여백을 남기고, 그 여백 속에서 우리는 스스로를
다시 그리기 시작한다.

어린아이가 낙서를 통해 마음을 표현하듯
화가는 세상을 향해 마음의 창을 연다.
그리고 그 창 앞에서 우리는, 무언가를 해석하려는 노력을 내려놓고
그저 느끼는 존재로 돌아간다.

우리는 눈으로 본 것만 기억한다고 착각하지만
사실 가장 오래 남는 건 가슴으로 느낀 장면들이다.
그 장면이 때로는 한 점의 그림이 되고
그 그림이 우리의 마음속에 평생 걸려 있기도 한다.

그래서 삶에 그림이 필요하다.
말로 다하지 못한 날들, 기억되지 않은 순간들,
그 모든 것을 담아 주는 조용한 창이 우리에게는 필요하다.

그림은 결국, 우리가 누구인지 묻는
아주 다정한 방식의 질문이다.

바나나로부터 시작된 워홀의 세계

젊은 시절, 앤디 워홀이라는 이름은 내 삶의 풍경 어디에도 없었다.

그를 처음 알게 된 건 전적으로 우연이었다.

거창한 예술사 공부의 연장선도 아니었고, 미술 전시회에서 깊은 감명을 받은 경험도 아니었다.

다만 음악이 그 출발점이었다.

어느 영화에서 벨벳 언더그라운드의 Sunday Morning이 내 귀를 스쳤다.

부드럽고 투명한 루 리드의 목소리가 안개 낀 아침 창가처럼 마음을 적셨다.

이어 들은 Pale Blue Eyes는 말로 설명할 수 없는 감정의 무늬를 남겼다.

단순히 '좋다'는 말로는 모자랐다. 무언가 더 깊은 층위에서 울리는 진동 같았다.

그 음악이 내 것이 되어야 한다고 생각했다.

인터넷도 없던 시절, 중고 음반 가게를 뒤져 가며

결국 어렵사리 손에 넣은 그 음반은 기대와는 사뭇 다른 표정을 하고 있었다.

겉표지는 화려한 사진도, 멤버들의 모습도 없었다.

그저 한 개의 바나나가 크게 그려진, 무표정하고 기이한 그림이었다.

그 바나나 그림 아래 조그맣게 적힌 이름…

ANDY WARHOL

그제야 알았다. 그 그림이 단순한 커버 아트가 아니라, 어떤 예술가의 흔적이라는 걸.

그 이름이 화가이며, 동시에 '예술인'이라 불리는 존재라는 걸.

앤디 워홀이라는 인물은 그 이후로 내 안에서 자라났다.

단순히 팝아트의 선구자라는 교과서적 문장이 아니라

삶과 예술의 경계를 허물고 스스로를 하나의 문화 현상으로 존재시킨 사람.

벨벳 언더그라운드와의 협업은 그중에서도 가장 인상적인 장면이었다.

단순한 앨범 커버 디자인을 넘어, 워홀은 그들의 프로듀서이자 후원자, 동시에 조율자였다.

그들의 음악은 단지 귀로 듣는 음표들의 나열이 아니었다.

그 안에는 1960년대 뉴욕의 공기, 어두운 지하 클럽의 냄새, 예술가들의 불안과 광기

그리고 아직 도래하지 않은 미래의 낯선 감각이 모두 들어 있었다.

워홀의 시각은 그것을 포착하고, 드러내고, 확장시켰다. 음악이 시각 예술과 만나는 순간

그것은 단순한 콜라보가 아니라 하나의 종합 예술이 되었다.

그들이 함께 만든 세계는 청각의 경험에서 출발해, 시각을 자극하고
결국엔 시간과 공간을 초월한 체험으로 확장되었다.

나는 그때를 돌아보며 생각한다.
어쩌면 예술이라는 건, 그렇게 불쑥, 우리 삶의 뒷문으로 들어오는 것
인지도
그 문은 바나나 하나로도 열릴 수 있다는 것.
그 문을 연 순간, 나는 앤디 워홀을 알게 되었고
그와 함께 예술의 어떤 방식
아주 개인적이면서도 시대를 관통하는 하나의 방법론을 알게 되었다
는 것을…

르누아르

르누아르의 붓끝에서는 빛이 춤을 춘다.
그의 그림은 단순한 풍경이나 인물화를 넘어서
빛과 색이 서로를 감싸안으며 살아 숨 쉬는 순간의 축제 같다.
햇살이 스며든 창가, 그 안에서 고요히 퍼지는 따뜻한 온기
바람에 살짝 흔들리는 치맛자락 하나에도 생의 기쁨이 담겨 있는 듯하다.

그의 그림을 들여다보고 있으면
웃음이 피어나는 자리엔 언제나 온기가 머문다는 것을 느낀다.
마치 시간이 흘러가고 순간이 사라지는 것을 아쉬워하지 않고
오히려 그 찰나를 부드럽게 감싸안으며
'지금 이 순간이 얼마나 소중한가'를 말해 주는 듯하다.

르누아르가 빛과 색으로 만들어 낸 세상은 유난히 포근하다.
눈을 감아도 그 풍경은 여운처럼 남아 마음을 감싼다.
그래서일까?
그가 그려 낸 시간 속에 머무는 듯한 기분은 늘 따뜻하고 평화롭다.
여전히 그의 화폭 속 햇살은 조용히, 그러나 깊게,
우리의 마음속으로 스며든다.

뭉크

처음 그 그림을 마주했을 때 나는 소리를 들었다.
그림은 말이 없었지만 화면 전체가 울부짖고 있었다.
하늘이 가장 먼저 눈에 들어왔다. 색이 아니라 감정처럼
불타는 붉음이 아니라, 타다 남은 절망의 뜨거움으로
그 아래에 한 사람이 있었다.
얼굴이 사라진 얼굴, 입이 된 눈, 눈이 된 입
형체는 인간이었지만, 존재는 벌거벗은 감정 하나…

그림 제목이 '절규'라는 것을 알기 전에도
나는 이 세계가 고통을 외치고 있다는 걸 느꼈다.
그는 비명을 지르고 있었고, 나는 그 앞에서 귀를 막았다.
소리 없는 소리, 빛으로 그린 불안…

뭉크는 고백했지.
"나는 대지로부터 우주로 뻗어 나가는, 거대한 비명의 울림을 들었다"고.
그 문장을 읽고서야 나는 알게 되었다.
이 그림은 누군가의 자화상이 아니라, 인류 전체의 그림자였다는 것을…
삶이란 저렇게 생겼다고, 사랑도, 상실도, 탄생도, 죽음도
모두 같은 선 위에서 비명을 지른다고.

누군가는 말한다. 그림은 볼 줄 알아야 감상할 수 있다고.
하지만 '절규'는 다르다.
이 그림 앞에서는 '볼 줄 아는가'가 아니라
'무너질 준비가 되었는가'가 먼저다.

그 선들, 그 붉은 물결, 그 얼굴 하나
그것이 이 그림의 언어다.
말이 아니라, 절규
붓이 아니라, 상처…

달리의 붓, 나의 문장

한때 나는 동서양 철학의 숲을 헤매듯 탐닉했다.

노자와 장자의 무위와 허를 따라가다 보면

어느새 플라톤의 동굴과 칸트의 순수 이성 앞에 멈춰 서곤 했다.

책 속에서 나는 현실을 의심했고, 현실 너머의 실재를 갈망했다.

그러던 중 장자의 "꿈 깨니 또한 꿈"이라는 문장에 오래 붙들렸다.

나비가 된 꿈을 꾼 장자, 그가 꾼 것이 과연 꿈이었을까?

아니면 우리가 지금 살고 있는 이 삶이야말로 꿈은 아닐까?

그 질문은 자연스레 또 다른 문으로 나를 이끌었다.

프로이트였다. 그는 무의식을 해부대 위에 올려놓듯 꿈을 분석했고

우리는 그 안에서 억압된 욕망과 감춰진 자아를 발견할 수 있다고

했다.

나는 그 이론에 이끌려, 수면과 깨어남 사이를 떠도는 인간의 심연을

오래 들여다보았다.

그 무렵 만난 인물이 바로 살바도르 달리였다.

광기에 가까운 집요함, 현실의 구조를 일그러뜨리는 유연한 시선

그리고 무엇보다도 무의식을 회화의 언어로 환원시키려는 그의 야망

나는 달리의 그림을 보며 처음으로 "꿈이란 기록될 수 있는 세계"라는

확신을 가졌다.

시계가 녹아내리고, 사막 위에 코끼리가 부유하며

해안에는 존재할 수 없는 생물의 형상이 파도처럼 밀려오던 그 풍경들

그것들은 단지 직관적 인상이 아니라

꿈속 어딘가에 꼭꼭 숨겨진 이미지들과 비슷한 결을 띠고 있었다.

달리의 작품은 가끔 감상하지만 아주 오랫동안 생각에 빠져 머무른다.

철학이 말로 다다르지 못한 것을 그는 색채와 형태로 구현해 냈다.

그로부터 나는 꿈이 단순한 망상이 아니라, 하나의 예술이 될 수 있다

는 가능성을 배웠다.

지금도 가끔 나는 내 무의식의 풍경을 그려 보려 애쓴다.

그것은 달리처럼 붓을 들어 그리는 것이 아니라, 단어와 문장

침묵과 여백으로 완성되는 또 다른 형식의 꿈일지 모른다.

이 모든 시작은, 단지 "꿈은 무엇인가"라는 아주 오래된 질문 하나

였다.

그러니 어쩌면 지금도 나는 여전히 꿈을 꾸는 중일지도 모른다.

깨달음의 순간조차 꿈 안의 한 장면처럼 흐려지니 말이다.

마음의 별을 그린 화가

김환기의 그림 앞에 서면
나는 자꾸 고개를 들어 하늘을 보게 된다.
무수한 점들이 수놓인 푸른 화폭은 어느새 밤하늘이 되고
점과 점 사이로 은은히 스며드는 침묵은 오래된 별빛 같다.
그는 색으로 말하지 않았고 형태로 설명하지도 않았다.
다만, 그가 바라본 우주의 감각
마음의 메아리를 붓끝으로 꾹꾹 눌러놓은 듯하다.

김환기의 푸른 점들은 단순한 색채가 아닌
그것은 바람이 지나간 자리이고 별이 반짝이는 소리이며
달빛 아래서 조용히 떨리는 산울림 같다.
그는 우주의 크기를 말하면서도 인간의 고요한 내면을 함께 그려 냈고
끝없이 펼쳐지는 화면 속에서 나는 어느새 나 자신을 마주하며
쓸쓸하면서도 평화로운, 외롭지만 따뜻한 감정이 그림 속을 유영한다.

그림은 말이 없지만
그의 점 하나하나에는 기억이 있고, 기다림이 있고, 사랑이 있다.
그것은 누구의 것도 아닌, 그러나 모두의 마음속에 있는 어떤 풍경이다.
그 풍경은 늘 멀리 있는 것 같지만

사실은 내 안에서 울리고 있었다는 것을 그림을 보고서야 깨닫는다.

김환기는 별을 그린 것이 아니라
별을 보는 나의 마음을 그린 화가다.
그는 산울림처럼 들렸고
잊고 있던 마음의 소리를 다시 울려 주는 조용한 메아리였다.

작가 노트

이 산문은 김환기 화백의 대표작
〈어디서 무엇이 되어 다시 만나랴〉와 〈산울림〉에서 영감을 받아 쓴 글입니다.
푸른 점들이 가득한 그의 캔버스는 겉보기엔 단순하지만
그 안에는 그리움과 침묵, 기억과 사랑, 그리고 존재의 울림이 켜켜이 쌓여 있습니다.
〈어디서 무엇이 되어 다시 만나랴〉는 김광섭 시인의 시에서 제목을 가져온 작품으로
별과 인간, 그리고 이별 이후의 만남을 담담히 응시합니다.
〈산울림〉은 소리 없는 진동처럼, 내면의 깊은 공명을 이끌어 냅니다.

두 작품은 서로 다른 제목을 가졌지만
결국 같은 하늘 아래에서 우리에게 묻습니다.

당신의 마음은 지금 어디에서 울리고 있는지

그리고

당신이 이 그림들 앞에 서는 순간, 그 고요 속에서

자신만의 '다시 만남'을 떠올리게 되기를 바랍니다.

그림은 그의 언어였다

누군가는 삶의 전환점이 책 속에 있다고 말하고
또 누군가는 음악에서 인생의 해답을 찾기도 한다.
내게는 한 편의 영화가 그런 문이 되어 다가온 적이 많다.
임권택 감독의 취화선
그렇게 나는 오원 장승업이라는 이름에 관심을 가졌다.

화면 속 그는 알코올에 취하고, 슬픔에 취하고, 분노에 취하며 붓을 들
었다.
그는 술을 입에 대지 않으면 붓이 잡히지 않았고
그림이 완성되는 순간에도 환희보다 허무에 가까운 공허를 안고 있
었다.
붓은 그의 무기였고, 때로는 형벌이었다.
그가 그린 그림 속 짐승들은 마치 찢어진 혼처럼 날카롭고 거칠었다.
그가 그린 산수는 단순한 자연 풍경이 아니었다.
그는 그 안에 자신을, 시대를, 절망을, 그리고 언어로 설명되지 않는
그 무언가를 녹여 넣었다.

그의 삶은 철저하게 경계에 서 있었다.
양반도 아니었고, 완전히 중인도 아니었으며, 궁중 화원이 될 수도 있

었지만 완전히 발을 들이진 않았다.

그는 끝내 벼슬을 거부하고, 주막과 화실 사이를 떠돌았다.

사람들은 그를 천재라 했고, 괴짜라 했고, 도깨비 같다고도 했다.

그에게 있어 그림은 구원의 방식이 아니라, 살아 내는 방식이었으며

세상과 타협하지 못한 이가 택할 수밖에 없던 최후의 언어였다.

나는 그가 남긴 그림을 가끔 들여다보며 생각에 잠긴다.

그 안엔 시대를 통과한 한 인간의 절박함이 있고,

결코 다듬어지지 않은, 살아 있는 생의 결이 고스란히 남아 있다.

그림을 바라보는 일은, 세상에 끝내 적응하지 못하고 떠도는

내 안의 어떤 낯선 부분을 조용히 껴안는 일이기도 하다.

그는 버티기 위해 그렸고, 나는 그런 그림을 통해

조금은 덜 흔들리며 살아가는 법을 배워 가고 있는지도 모르겠다.

춘화, 봄의 그림자

봄은 피어나며 젖는다.

꽃잎은 바람 앞에서 부드럽게 젖고, 마음은 그 앞에서 천천히 무너진다.

인간은 그 무너짐을 사랑이라 부르고 때로는 예술이라 칭한다.

춘화는 봄을 그리는 그림이 아니다.

그것은 봄의 속살을, 봄의 심연을, 봄이 감추려는 가장 인간적인 충동을 그린다.

정결한 외면 뒤에 숨겨진, 욕망의 필연

춘화는 계절의 겉옷을 벗긴다.

비로소 봄은 피워진다. 바람이 아니라 몸으로 향기가 아니라 숨결로…

나는 오래된 그림을 넘기듯 기억을 펼쳐 본다.

그 안에 누워 있는 남녀는 아무 말 없이 서로를 본다.

그들의 시선은 정욕이 아니라, 한순간에 닿고자 하는 무수한 생의 전율이다.

눈은 닿지 않고, 손이 먼저 길을 낸다. 허락도, 망설임도 없는

단지 있는 그대로의 생…

춘화는 외설이 아니다. 그것은 은유다.

욕망을 감추기 위한 은밀한 주술이 아니라, 인간을 바라보는 하나의 정면이다.

포개진 육체는 삶을 묻고, 번져 가는 선은 사랑을 묻는다.

남녀는 서로를 그린다. 피와 살이 아니라, 어쩌면 하나의 계절로…

한 시절, 나는 사랑을 춘화로 이해했다.

사랑은 감추는 것이 아니라, 드러내는 것이며,

봄은 잠든 것이 아니라 깨어나는 것임을

뺨에 닿은 햇살 하나로 모든 기억이 반짝이듯

몸에 새겨진 순간 하나로 모든 존재는 증명된다. 벗음은 곧 믿음이다.

서로를 믿는 몸만이 끝끝내 피어난다.

그래서 나는 생각한다.

춘화는 봄의 그림이 아니라, 인간의 본성에 가장 가까운 계절을 닮은 고백이라고.

나의 시도, 내 감성도 언젠가 누군가의 마음을 일렁이게 할 수 있다면

어느 봄날 창문을 열었을 때 와락 달려드는 햇볕과

그 눈부심에 감은 눈가로 퍼지는 한가득 노란빛의 찬란으로

누군가의 마음을 일렁이게 할 수 있다면

그렇게 솔직하고 따뜻한 시선으로 남기를 바라며…

키스

가냘프기 그지없는 허리를

가만히 안아

빠알간 앵두 같은 두 겹을 갈라

부끄럽기 또한 그지없는 모양새로 마주 보면

이내 참지 못하고 흐르는 요단강 너머의 눈물

붉은 혀를 길게 내어 흐드러지지 않게 속삭이면

너는

길고 긴 한숨과 쉼 없는 떨림으로 화답하겠지

그저 바라노니

밤을 하얗게 세워서

네 가냘프게 여리고 구슬프면서 깊디깊은 심연 속에 입을 맞추면서

붉은 혀를 길게 내어 너를 견딜 수 없는 고통 속에 신음하도록

온밤을 길고 파랗게 새워 유린하고 싶다

너의 마음이 허물을 벗고

농염하게 익은 과육의 향기를 발할 때까지

장마 그림

하늘이 캔버스를 꺼내는 시절
큰비는 질감을 살리려는 듯
물감을 세차게 쏟아붓지만

어떤 물방울은 연필 끝처럼
가늘고 조용히 내려와
창문에 사선을 긋는다

그 빗금들은
나무 위에, 지붕 위에, 내 어깨 위에
조심스레 스케치되는데

도시의 윤곽이 흐려지고
가로등 불빛마저 번져
나는 잠시
그림 속 인물처럼
조용히 숨을 고른다

세상이

연필화가 되는 시간
비의 계절이 왔다
그리고
빗줄기 속에서
가장 선명하게 드러난 건
빈 캔버스, 우리의 손

2부

예술과 삶 사이에서

문학 속 주인공, 음악 한 소절, 어떤 영화의 장면
그렇게 내가 살아온 나날들은 종종 그림의 한 구석처럼
불완전하고 미완의 선으로 남았다.
그러나 그 선들이 모이고 겹치면서 어느새 하나의 형상이 드러났다.
나는 그 형상을 '삶'이라 불렀고, 누군가는 그것을 '예술'이라 불렀다.

예술은 삶에서 빚은 진흙으로 만든 그릇이다.
그 속에는 나의 어제와 오늘이 담긴다. 슬픔은 물처럼 고이고, 기쁨은
빛처럼 번진다.
때로는 그릇이 금이 가고, 때로는 형태가 무너져도, 그것은 여전히 나의
것이며 나의 이야기다.

삶은 거칠고 불규칙하다.
그러나 예술은 그 거친 결을 쓰다듬어 눈으로 볼 수 있고 손으로 만질 수
있게 만든다.
나는 살아가며 예술을 찾고, 예술을 하며 살아간다. 두 길은 서로를 비
추는 거울이다.

이 책의 다음 페이지들은 그 거울 속에서 건져 올린 나의 이야기들이다.
삶을 살며 배운 것, 잃어버린 것, 그리고 여전히 나를 붙잡고 놓아주지
않는 것들…
예술이 내 삶을 어떻게 빚었는지, 그리고 삶이 어떻게 나를 예술로 이

끌었는지

그 모든 흔적을 담아 본다.

시간의 발견

시간은 시계 속에서만 흐르는 것이 아니었다.

그것은 어느 오후의 빛 속에 숨어 있었고, 오래된 나무의 이끼 사이에도 숨겨져 있었다.

우리는 그것을 날짜와 숫자로만 기억하지만, 정작 시간은 우리 몸속에서

그리고 사소한 풍경 속에서 자라고 있었다.

어린 시절에는 계절이 왜 이토록 느린지 알 수 없었다.

수업 시간은 끝없이 이어졌던 거 같고

겨울의 첫눈은 다음 눈까지 한 세기를 기다려야 하는 것처럼 느껴졌다.

그러나 나이를 먹어 가며 계절은 재빨리 모퉁이를 돌았고, 하루는 아침과 저녁 사이에 짧게 접혔다.

그 변화는 시계가 아니라, 눈가의 주름과 가구 한쪽이 낡아 가는 틈에서 발견되었다.

시간은 물처럼 흘러가지만, 때로는 바람처럼 스쳐 간다.
길가의 들꽃이 피고 지는 속도
아침에 담긴 커피 향이 오후의 공기 속으로 사라지는 속도
친구와의 대화가 웃음으로 끝나고 침묵으로 물러나는 속도
그 모든 속도가 우리 안에 겹겹이 쌓여 하나의 연륜이라는 결을 만든다.

어느 날, 오래된 사진 한 장을 들여다보다 깨달았다.
시간은 나를 떠난 것이 아니라, 나와 함께 자라 온 것을
마치 나이테가 그해의 햇빛과 비를 품고 있듯
나 역시 지나온 날들을 몸속에 품고 있었다.

그래서 나는 이제 시간을 두려워하지 않는다.
그것은 잃어버리는 것이 아니라, 모으는 것이고
흩어지는 것이 아니라, 다른 형태로 변해 가는 것이니.

그리고 언젠가, 내 모든 시간이 한 방향으로 기울어질 때
나는 그것을 발견했다 말할 것이다.
내가 살았던 시간은 모두, 나를 완성시키는 빛이었다고…

초성리 역

지금은 형태만 남은 옛 기차역
낡은 플랫폼 위에는 바람만 스며 있다

어린 날의 여름은
객차 사이로 흘러든 햇살처럼
손끝에 닿았고
겨울은 얼어붙은 철로 위
첫눈처럼
조용히 사라졌다

쓸쓸한 간이 매표소
멈춘 시계 바늘
버려진 안내판 틈
모든 것이
시간의 숨결이 되어
조용히 쌓이고 흩어진다

낡은 철제 의자 위 먼지 한 줌
승객 없는 플랫폼

흘러가는 것이 아니라
숨 쉬며 겹겹이 쌓이고
과거 속으로 스며든다

첫 열차와 마지막 열차가
같은 길로 닿듯
모든 순간은
내 안에 남아
보이지 않는 음악을 연주한다

색의 발견

가끔 토요일 오후에 우리는 이마트 쇼핑을 간다.

인터넷으로 클릭 한 번이면 모든 것이 집 앞까지 오는 세상이지만

가끔은 직접 보고, 냄새 맡고, 손끝으로 무게를 느끼며 고르는 맛이 있다.

그것이 우리를 이곳으로 불러오는 이유다.

카트를 밀며 매장을 나란히 걷던 우리는, 어느 순간 서로 다른 것에 시선이 멈춘다.

자연스럽게 발길이 갈라지고, 각자의 작은 전시회가 시작된다.

아내는 초록과 노랑이 우거진 야채 코너를 좋아하는데

양상추의 선명한 초록, 아삭한 오이를 감싸는 짙은 청록, 가지의 번들거리는 보라…

그 사이에서 노란 파프리카와 주황 당근이 조용히 빛을 흘리고

아내는 손끝으로 배춧잎을 살짝 만지며

마치 캔버스 위에서 가장 적절한 색을 고르는 화가처럼, 눈빛이 잠시 멈춘다.

나는 발걸음을 술 코너로 옮긴다. 진열대에는 투명한 맥주병들이 황금빛 액체를 품고

초록 유리병 속의 빛이 가볍게 흔들리듯 그 옆에 놓인 붉은 와인들은
대비처럼 선명하게 보인다.
그렇게 내 눈이 반짝일 때, 그것들은 단순한 주류가 아니라 빛과 색이
어우러진 한 폭의 조각 같다.

늘 마지막은 회 코너
차가운 얼음 위에 붉은 참치, 옅은 분홍빛 연어, 하얀 광어가 나란히 놓
여 있고
색과 색이 경계 없이 스며들면 빛이 비닐 랩 위를 미끄러지는 것 같다.
마치 물감이 아직 마르지 않은 수채화 같다고 생각을 한 적도 있었다.

계산대 위에는
야채의 보라와 노랑, 술의 황금빛과 초록, 회의 분홍과 흰색이 뒤섞여
있다.
집으로 돌아오는 길, 오늘 우리가 산 건 저녁 식사 재료지만
동시에 하루를 물들인 작은 팔레트이기도 하다.

바닷속 팔레트

물결 사이로 빛이 흘러내리면
초록 산호 사이, 노랑 해조가 흔들리고
주황빛 물고기와 성게가
조용히 반짝인다

투명한 물방울 속 붉은 조약돌이 점처럼 찍히고
하얀 조개껍데기가
물속에서 수채화처럼 번진다

빛과 색이 서로를 어루만지며
숨 쉬는 파도 속에서
바닷속 오후는
하나의 팔레트로 펼쳐지는데…

빛의 발견

어느 꿈속
나는 끝없이 어둠 속을 걷는다.
발끝마다 그림자가 흔들리고, 숨결마다 안개가 피어나고…

그때, 작은 빛이 내 시선을 스친다.
먼지처럼 떠다니다 서서히 눈앞을 채우고
나는 빛을 따라 걷는다.

손을 내밀면 온기가 손끝에 맺히고
머리 위를 스치면 마음 깊숙이 스며들고
빛은 말이 없지만 모든 것을 말한다.
두려움도, 기억도, 잃어버린 시간도 빛 속에서 새로운 색을 얻는다.

나는 깨닫는다.
빛은 외부가 아니라 내 안에 있었음을
어둠 속을 헤매던 나 자신, 그 길 위를 걸어온 나 자신
모두 빛의 일부였음을…

깊은숨을 들이마시고

눈을 감아도 사라지지 않는 그 빛은 나 자신이라는 깨달음

이제 나는 안다.

길을 잃는 순간조차

빛은 언제나 나를 안내하고 있었다는 것을…

어제 꿈의 환상

짙푸르러 가는 무성한 잎새 숲 속으로
후박나무 풍성한 큰 잎사귀 하나를 열고
그 길을 따라 오래 걸어갔었습니다

고래의 따뜻한 뱃속 같은 기차를 탔고
은빛 야생마의 등에 올라
바다로 가는 들판을 달렸고요

몇 개의 다리를 건넜을까
태양을 사포로 문질러 뚝뚝 떨어진
햇살 입자가 가득한 환상적인 바다를 만났습니다

다시 완만한 갈색 모래 능선과
황금빛 갯벌을 지나
몸을 다 비운 하얀 억새의 눈부신 군무
아스라이 뒤로한 채
낮게 엎드린 산들의 이마를 밟고 갔더니

거기 세상의 새들이 일제히 앉았다

그리고 어디론가 또 일제히 날아가는
새들의 섬이 있더군요

그곳에서
마음속 기대 온 빗방울 하나
큰 새의 날개에 태워
미련 없이 구름 속으로 보냈습니다

그쯤 서산머리 어둠이 내리고
혼자 되짚어 돌아오는 길
잎사귀 문을 열고 나오니 환한 아침
마치 엘리스가 될 것 같은 오늘입니다

소리의 발견

아침의 첫 소리는 다양하다 보통 알람이지만 누군가가 내는 작은 소음일 때도
어쩔 땐 열어 둔 창문으로 스며드는 시원한 바람일 때도 있다.
바람은 눈꺼풀 위에 얇게 내려앉은 꿈을 건드리며, 나를 천천히 현실 쪽으로 밀어낸다.
냄비 속 물이 끓어오르는 소리는 먼 행성에서 들려오는 신호 같고
커피포트의 물방울이 부딪히는 소리 그리고 졸졸 따르는 소리와 호호 마시는 소리…
주방은 잠시, 아주 잠시 동안 연주회 같을 때가 있다.

길을 나서면 소리는 더 복잡해진다.
신호등 초록불이 켜질 때의 '딸깍'은 보이지 않는 무대의 막이 오르는 소리 같고
횡단보도를 건너는 사람들 발걸음마다 고유의 박자가 있다.
저마다 다른 신발, 다른 체중, 다른 목적지가 찍어 내는 리듬 같은
트럭의 브레이크 소리가 짧게 북을 칠 때
그 뒤를 잇는 자전거의 종소리는 마치 "괜찮아"라고 속삭이는 위로 같기도.

오후, 분주한 시장 골목 한쪽에 서 있으면 사람들의 대화가 종이 위의 연필 소리처럼 흐른다.
상인과 단골손님의 흥정이 웃음으로 번지면
그 웃음은 옆 치킨 기름 튀는 소리에 섞여 은근한 온기를 만든다.
세상은 끊임없이 대화를 하고 있고, 나는 그 대화를 듣는 하나의 관객이자 기록자 같다.

밤이 오면 소리들은 낮보다 더 부드럽게 변한다.
밥 짓는 소리는 나무 위에 눈송이가 쌓이는 소리처럼 조심스럽고
창밖을 스치는 풀벌레의 울음은 멀리서 불러오는 이름 없는 별빛을 떠올리게 한다.
집 앞에 작은 절이 하나 있는데
잠들기 전, 때때로 들려오는 개 짖음은 동네의 심장 박동처럼 하루를 마무리한다.

이제는 좀 알 것 같다.
소리는 사라지는 것이 아니라, 계속 변주를 거듭하며 우리 곁을 흐른다는 것을.
우리가 귀를 닫고 있을 뿐, 세상은 늘 제 연주를 이어 가고 있었음을.
그 연주 속에서 내가 살아 있다는 사실이, 문득 고맙게 느껴진다.

나무 속 배경음악

나이를 많이 먹은
나무에서는
추억처럼 음악이 흐른다

가지는 기억의 갈래로 뻗어
지난날의 이야기를 나르고

그 선율을 연주하는 것은
바람, 햇살, 세월,
빗방울 같은 음표들

그리고 서두르지 않는 이끼,
한 음 한 음
천천히 자라는 초록빛 악보

백발로 성글어질 때까지
정수리 하늘빛으로
환해질 때까지

첫 소절과 끝 소절이
한 뿌리인 것처럼
사랑도 미움도
공중에 흩어질 노래

이국의 아침

기억은 늘 뜻밖의 장면에서 닻을 내린다.

그것은 거창한 이벤트도, 긴 준비 끝에 이루어진 것도 아니었다.

오히려 전혀 예상하지 못한, 너무도 사소한 우연이 만든 기적 같은 시간이었다.

오래된 온천 여관 앞

손님들을 위해 내어놓은 자전거들이 살짝 비에 젖어 있었다.

애초엔 일정이 빠듯해 자전거로 동네를 도는 건

'이런 것도 있구나' 하고 지나치려 했지만, 뜻밖에 시간이 생겼다.

우리는 네 대의 자전거에 몸을 실었다.

그렇게 이국의 흐린 아침 속으로

우리 가족은 나란히 달리기 시작했다.

비는 너무도 가냘프고, 공기는 촉촉하고, 바람은 시원했다.

나는 먼저 페달을 힘껏 밟으며 텅 빈 도로를 내달렸다.

아무도 없는 그 길 위에서, 나는 문득 내가 완전히 자유로운 인간이라는 느낌을 받았다.

세상의 어떤 규칙도, 시간도, 역할도 나를 붙잡지 못하는 감각

나를 감싸던 건 오직 바람과 미세한 물기, 그리고 질주였다.

뒤에서 큰아들이 따라오며 내 뒷모습을 사진으로 담았다.

그 녀석 웃음에는 말 못 할 무언가가 있었던 것 같다.

아마도 자기도 알지 못했던 감정, 나를 따라 달리며 처음 마주한 아버지의 다른 얼굴이었을지도.

작은아들은 주행이 미숙한 엄마의 바로 뒤를 지켰다.

엄마가 중심을 잃을까 조심스레, 그러나 늘 거리를 두고, 묵묵히 보호하며 밟았다.

말없이 챙기는 그 모습에, 나는 자꾸만 뒤를 돌아보며 묘한 행복감에 젖었다.

자전거는 우리를 마을의 어딘가로 데려다주었다.

그리고 그곳에, 말로 설명할 수 없는 장면이 기다리고 있었다.

깊은 침묵이 깃든 초록의 입구

흙냄새와 비의 향기가 겹쳐진 숲 어귀는 다른 세계의 문처럼 우리 앞에 열려 있었다.

마치 지브리 애니메이션에서 튀어나온 듯한, 신비로운 숲
우리는 그 앞에서 멈췄고, 누구랄 것 없이 자전거에서 내려서 있었다.

네 사람이 그 숲 앞에 서서 함께 찍은 사진
그것은 여행의 기록이 아니라, 고스란히 같이 있다는 시간의 증거였다.
아내의 미소, 아이들의 높이가 달라진 어깨 그리고 내 얼굴의 낯선 평
화로움
그날은 가족이 서로 다른 속도로 달리면서도
결국 같은 방향에 도달할 수 있다는 걸 증명한 날이었다.

이국의 작은 마을, 작은 비 내리는 아침, 네 대의 자전거, 그리고 몇 장의
사진
그날은 내 인생에서 가장 평온하고 충만한 날이었다.
기대하지 않았고 확실히 계획되지 않았기에
그 무엇보다 완벽했던 날.

두물머리에서(한겨울 아내와)

검푸르게 얼어 버린 겨울
나룻배의 우울

너무 추운 시절
인적 없이 날아 버린
선착장 통나무집 창가를 알알이 뒹구는 슬픔

그리고

미풍에 따뜻한 햇살이 내리쬐던 봄날
해빙의 먼지를 털고
꿈결처럼 피어오르던 찬란한 소요

구분할 수 없는 두 갈래 물줄기가
서늘하고 화사한 과거를 회상시키며
가는 곳도 없이 흐르는 세월의 강

문득,
너를 가만히 손바닥 가득 담고 싶다

여행의 팽창

새파란 호수 앞에 앉았던 그날
바람은 물결을 살짝 어루만졌고
단풍은 붉게 번져 물 위로 흐드러졌다.
앉은 자리 옆으로 도토리 서너 알이 툭툭 떨어졌는데
낙엽 사이를 튀며 굴러오던 걸 주워 주머니에 넣었다.
외국 가을을 조금 가져온 기분이었다.

많은 장면 장면들이 다 좋았지만
지금까지 오래 남아 있는 건
그 풍경이 아니라, 그 앞에 있던 우리다.

따뜻했던 잔의 온기
잔잔하게 웃음 섞인 대화
야외에서 직접 맞는 초가을 햇살
누군가 무심히 내 손을 잡던 순간
그 손끝의 온도와
아무 말 없이 나눴던 눈빛까지.

그건 단지 며칠의 기록이 아니라

몸으로 새겨진 계절이었다.
그토록 선명한 기억은
살면서 몇 번이나 가능할까?

지금도 문득 그날이 떠오르면
내 마음 들판엔
붉고 조용한 만추가 피어난다.
말없이, 그러나 분명히.

두물머리에서 2(2년 후 봄, 가족과 함께)

그해 겨울엔
두 갈래로 얼어 버린 얼음이
서로를 향해 침묵을 건넸다

당신과 나는
그 적막한 황폐를 들여다보며
조용히 피어나는 약속 하나 심었지

오월이 와서야 알았다
그 약속은
아이들의 미소로 잎이 트고
당신의 눈웃음으로 꽃이 핀다는 걸

가는 곳도 없이 흐르는
세월의 물은 여전하지만
우리의 계절은
이 자리에 다시 고였다

한 골목의 무게

홍콩 트램에서 잘못 내린 순간
지도에도 이름도 없는 좁은 골목으로 흘러들었다.
낙후된 시장에는 사람들의 발자국과 말소리만 남아 있었고
먼지 낀 간판과 닳은 포장지들이 시간을 천천히 쌓고 있었다.

그곳에서 만난 상인은
손바닥만 한 공간에 묶인 큰 개를 품에 안고 있었다.
머리카락 사이로 젖은 눈,
그는 아무 말 없이, 세상의 모든 슬픔을 한꺼번에 내보내듯 울었다.
개는 몸을 비비며 안심시키려는 듯 꼼지락거렸지만
상인의 떨리는 숨과 몸을 완전히 감싸 주진 못했다.

나는 그 장면 앞에서 멈춰 섰다.
시장 한쪽에서 바쁘게 움직이는 손님과 웃음 속에서도
이 눈물은 세상 누구도 알 수 없는
오직 이 좁은 공간과 그 개만 이해할 수 있는 고요한 언어였다.

늙은 개의 숨결은 점점 느려지고 있었다.
곧 끝날 것이라는 예감이 상인의 눈빛 속에 스며 있었고

오랫동안 함께 견뎌 온 시간과 쌓인 기억

다가올 이별의 무게가 한꺼번에 밀려왔다.

나는 그 장면 앞에서 발걸음을 옮길 수 없었다.

잘못 내린 정거장, 낯선 시장, 낯선 울음, 낯선 개

그러나 기억 속 이 장면은

홍콩의 화려한 빛과 소음보다 훨씬 오래, 훨씬 선명하게 남아 있다.

아마도 예상치 못한 곳에서

타인의 눈물과 아픔이 스며드는 순간

세계는 한 뼘 더 깊고, 한 뼘 더 넓어졌다.

길의 속도

돌 위로 햇살이 미끄러지고
바람이 모퉁이를 돌 때마다
내 그림자가 달라지는 것을 안다

멀리서 들려오는 물소리와
낯선 나무의 흔들림 속에서
나는 내가 조금씩 달라지고 있음을 느끼고

모든 발걸음은
예상치 못한 질문을 던지고
모든 순간은
세상을 조금 더 깊게, 조금 더 넓게 만드는 것도

장면

만남

대학로 화장품 매장, 내 첫 직장 정면에 늘 걸려 있던 간판 명화당.
지금도 세상 어딘가 그 이름으로 영업을 이어 가고 있을지
아니면 이미 사라졌을지 알 수 없지만
내 기억 속에서는 이미 떠나간 그 식당의 자리가 여전히 그날을 품고
있다.
30년 전, 그 여름의 문을 밀고 들어온 한 대학생이 있었는데
로고가 자그맣게 새겨진 앞치마를 두른 그녀는
마치 영화 속 첫 장면처럼 통유리 앞에 서 있었다.

초여름 햇볕이 기울기 전, 유리창에 가득 번지던 금빛
그 빛 속에서, 그녀의 얼굴은 햇살이 강물 위에 비친 윤슬처럼 반짝거
리며 번져 있었다.

그녀의 눈길은 바깥 어딘가를 스쳐 갔지만, 나는 그 자리에 뿌리내린
듯 멈춰 있었다.

손끝이 천을 따라 미끄러질 때마다 뽀드득
깨끗해지는 소리가 공기마저 닦아 내는 것 같았다.
그 순간, 나는 알았다. 이 장면은 오래 기억될 거라는 걸
마치 투명한 액자 속에 걸린 한 장의 필름처럼
그녀는 빛 속에, 나는 그 빛을 바라보는 그림자 속에 있었다.

그날 이후, 매대 위 화장품보다 더 오래 보게 된 건
바로 그 창 너머, 유리 닦는 그녀의 움직임과 응대하는 뽀얀 미소였으니
영업이 한산한 오후엔, 내 시선은 반드시 명화당의 통유리 앞에서 멈
췄다.

그리고, 지금은 사라진 그 육교
오후 서너 시 무렵이면 나는 그 위에 올라섰다.
아르바이트를 마치고 집으로 향하는 그녀의 뒷모습을
그녀는 알지 못한 채 조용히 지켜보던 자리였다.

버스 정류장, 한낮의 햇살이 아직 거리에 가득하고, 사람들은 느릿하게
흘러갔다.
그녀는 가방 한쪽에 초콜릿을 쥔 채, 작은 한 조각을 꺼내 물었는데
달콤함을 씹는 그 짧은 순간, 그 모습이 어찌나 귀엽게 다가왔던지
그녀가 모르는 사이, 내 마음속에 사랑의 주문을 속삭였다.

그날의 햇살, 뽀드득 들리는 듯한 소리, 육교 위의 바람

그리고 초콜릿이 사르르 녹던 시간

그 모든 것이 모여, 내 사랑은 그렇게 시작되었다.

그리고 그 사랑은 지금까지 이어져,

30년째, 내 곁에서 햇살과 그늘을 함께 나누고 있다.

도서관의 별빛 여인

그 여인은 책장을 열며 아침을 깨웠다
햇살이 책갈피를 따라 흐르고
아이들의 눈빛에서 별을 찾았다

그 여인은 조용히 사랑을 나눴다
질문보다 기다림으로
손짓보다는 언어의 온도로

아이들의 숨결 속에 들어앉아
한 줄 한 줄 꿈을 읽히고
작은 가슴마다 상상의 불씨를 지폈다

책은 그 여인의 날개였고
그녀는 날마다 그 날개로
아이들을 품에 안았다

무릎을 낮추어 눈높이를 맞추고
작은 목소리도 빛처럼 들었다
그 순간, 세상은 부드러운 속삭임으로 바뀌었다

오래된 학교 도서관 한 켠에 핀 꽃 한 송이
햇살 아래 반짝이는 그 여인의 마음은
바람도 조심스레 지나치는
조용한 기도였다

그녀는 책 속에 살고
아이들의 마음에 남는다
결국, 한 사람의 따뜻한 눈빛이
세상을 조금씩 바꾼다는 것을
그 여인은 오래전부터 알고 있었다

엄마, 여기가 바다야

아내는 가끔 추억을 들려주는데
그 이야기를 들을 때면
마치 내가 그 장면을 본 것처럼 생생해
몇 번을 들어도, 처음 듣는 듯 귀 기울이게 된다.

20여 년 전, 전철을 타고
강북에서 강남으로 넘어가는 일이 생길 때면
대여섯 살이던 둘째가
두 손으로 창문턱을 꼭 잡고
눈을 반짝이며 물었다고 한다.

"엄마, 여기가 바다야?"

아내는 그 순간을 무척 좋아했는지
웃음을 꾹 참으며 대답해 주었다고.
"아니야, 저긴 강이야.
우리 서울 한복판을 흐르는 강."

그 질문은 한 번으로 끝나지 않았는데

그 뒤로도 두 번, 세 번
언제 어느 자리에 앉았든, 같은 풍경 앞에서는
아이는 꼭 같은 말을 되물었다고 한다.

"엄마, 여기가 바다야?"

그 순수한 의문이
아내의 마음에 파도처럼 밀려왔고
그 여운은 아마도 지금까지 출렁거렸으리라.

나는 그 이야기를 몇 번이나 들었는지 모르지만
그런데도 들을 때마다
내 마음에 물이 스며들듯 행복해진다.

아이는 자랐고
그 강물도 흘렀지만
아내의 눈 속엔 아직도
한강을 보며 바다를 상상하던
그 여름, 그 아이가 같이 살고 있나 보다.

물의 말

햇살이 유리 위를 흘러가고
강물은 낮게 노래하고
돌 틈 사이로 스며든 바람이
조용히 세상의 끝을 묻는다

모래와 갈대, 파도와 빛
모두가 오래된 질문을 안고
시간의 표면 위에서
조용히 출렁이는데

너는 그 속에서
말 없는 답을 기다리며
작은 파도 하나에 마음을 담는구나

신발이 커진 날

아들은 자주 모자를 쓴다. 나는 자주 글을 쓰고
서로 쓰고, 또 쓰고,
오늘은 제대로 썼나 싶지만
다음 날 보면 글은 거꾸로 쓴 것처럼 엉망이다.
그러다 보면 언젠가 한 번에 바로 쓰는 날이 오겠지…
그런데… 그게 꼭 좋은 걸까?

옛날 어느 날 아침
운동화 좌우를 늘 바꿔 신던 그 녀석은
그날은 실수로 제대로 신었다.

"아… 내 신발 왜 이렇게 커졌지?
아빠가 신었다 뺐어?"
웃음을 겨우 참았다.

나는 그 표정을 못 잊는다.
마치, 아빠 내 인생 사이즈가 왜 이래요?
라고 묻는 것 같았다.

혹시 언젠가, 나도
규격이 훌쩍 커진 가치관을 덜컥 마주하는 날이 올까?
그럴 때 사람들이
"이거 잘못됐네" 하고 고개를 젓거나,
"어? 이거 꽤 괜찮네?" 하고 웃거나,
아니면 살짝 물러서며 모른 척 지나가겠지.

하지만 세상의 모자는
꼭 바로 써야만 모자가 되는 건 아니다.
다른 모자를 위해 뒤집어쓸 수도 있고
규격과 냄새의 묘한 조화를 위해
양말을 머리에 얹을 수도 있지 않은가. ㅎㅎ
패션 잡지에서는 그런 걸 '컨셉'이라고 하던데…

그러니 오늘 모자를 거꾸로 썼다고 해서
너무 걱정하지 말자.
언젠가 누군가
"그거 멋있다" 하고 따라 쓸 수도 있으니
그게 세상이다.
아닌가?

아무튼 성인이 된 꼬맹이는 여전히 귀엽다.

어른

진짜 어른이 뭘까?

어른이란 단어를 머릿속에 굴리면서 살았다.

나이를 먹는다고 저절로 어른이 되는 건 아닌 것 같았다.

돈을 번다고 해서, 책임이 생긴다고 해서, 누군가를 부양한다고 해서

그게 곧 어른이라는 자격을 주진 않았다.

나는 늘 어른 흉내를 내면서 살았다.

말끝을 조심하고, 상대의 기분을 살피고, 상처받지 않은 척 웃으면서.

그게 성숙이라고 믿었다.

그런데 어느 날, 우연히 한 드라마를 보다가 문득 깨달았다.

진짜 어른은 단단한 사람이 아니었다.

오히려 부서지고, 상처 입고, 쓰러지면서도 끝끝내 누군가를 품으려

애쓰는 사람이었다.

자기 삶이 고단해도 다른 사람의 무게를 조금이라도 덜어 주기 위해

손을 내미는 사람

세상에 미움과 불신이 가득해도 그걸 견뎌 내고, 마지막까지 따뜻함을

잃지 않으려 애쓰는 사람

힘이 있어서가 아니라, 약함을 아는 사람이었고, 그래서 더 조용히 곁을

내어 주는 사람이었다.

그는 큰소리로 옳음을 주장하지 않았다.

그 대신 침묵 속에서 상대가 무너지지 않게 받쳐 주었다.

누군가 실수했을 때 비난보다는 이해를, 외로워하는 이에게 충고보다는 작은 동행을 건넸다.

그는 자신의 상처를 드러내 보임으로써, 약해도 괜찮다고 말해 주는 사람이었다.

나는 그런 참어른을 보고 부끄러워졌다.

그저 나만 다치지 않으려 애썼던 지난 시간을 떠올렸다.

진짜 어른은 결국 선택의 문제였다.

모진 세상 앞에서도 조금 더 부드럽게, 조금 더 너그럽게 서 있으려는 선택

더 강해지기보다는 더 따뜻해지기로 결심하는 선택

그 드라마를 보고서야 알았다.

어른이 된다는 건, 단순히 살아남는 일이 아니라, 어떻게든 사람으로 남는 일이란 걸.

장소

정릉

서울 성북구 정릉동에 위치한 태조 이성계의 계비 신덕왕후의 능이 있는 곳.
내가 태어나 지금까지 살아온 고향이자
내 아들의 고향이자 두 아들이 자라나는 뿌리의 시작점이다.
이 작은 동네는 내 삶의 대부분을 품고 있다.

이곳에는 아내가 사랑하는 직장이 있고
우리 가족의 웃음이 배어 있는 골목이 있다.
젊었던 부모님은 이곳에서 삶의 한 장을 열었고
이제는 중년이 넘어 버린 내 친구들도 정릉의 좁은 골목과 오래된 공터에서 자랐다.
어릴 적 발이 닿던 그 길 위를 이제 내 아이들이 걷는다.
그렇게 시간은 흐르고, 정릉은 세대를 품는다.

손바닥만 한 동네라고들 하지만, 그 안에는 물이 흐른다.

정릉천은 계절마다 다른 표정을 보여 주고, 그 물길 따라 사람들의 이야기가 흘러간다.
어떤 날은 소곤소곤, 어떤 날은 북적북적
이야기는 때로는 웃음이 되고, 때로는 조용한 위로가 되어 우리 곁을 지난다.

그리고 무엇보다 이 동네는 산이 지켜 준다.
북한산. 마치 병풍처럼 동네를 감싸안고 서 있는 그 산은 언제나 같은 자리에 있다.
마음이 어수선한 날이면 그 산을 바라보며 숨을 고르고
날이 좋고 기분 좋은 날이면 가끔 산마루까지 걸어 올라 삶의 경쾌함을 온몸으로 느낀다.
북한산은 정릉 사람들의 시간과 감정을 묵묵히 안아 주는 등받이 같은 존재다.

정릉은 나에게 단순한 주소가 아니라, 살아 있는 기억의 지도다.
사랑과 우정, 슬픔과 희망이 층층이 쌓여 있는 나의 시작점이자,
여전히 나를 살아가게 하는 중심이다.

정릉에서 정릉으로

정릉에서 다시 정릉으로
제자리걸음 같아도 나는
그 안에서 자라고 어른이 되어
늙고, 죽음으로 스며드는
삶의 저릿한 순환을 견뎌 낸다

다만 그곳이 같지만 다른 그곳
정릉과 정릉 사이를 매일 걷는다

길이 끊긴 듯,
도저히 길이 없어 보이는 그 안에
내 길이 있지 않을까?
늘 그렇게, 어제와 내일 사이
내 세상을 애써 살고 있다

고흥

고흥은 아내의 고향이다.

처음엔 그저 아내의 이야기 속에서만 존재하던 이름이었다.

그러나 여러 해가 흐른 지금, 고흥은 내 마음 깊숙한 곳에 자리 잡은, 진짜 고향 같은 곳이 되었다.

젊었던 시절, 우리는 그곳에서 여러 계절을 보냈고, 우리 아이들은 마당과 해변을 오가며 자랐다.

해가 지고, 아이들의 웃음소리가 파도에 섞일 즈음, 아내는 늘 그 한가운데에 있었다.

우리는 그곳에서 계절이 흐르는 법을 배웠고, 삶이 익어 가는 속도를 체득했다.

그곳의 사람들은 말이 적었지만, 눈빛엔 바다가 담겨 있었고, 손끝엔 노동의 진실함이 배어 있었다.

그들은 바다와 함께 살았다.

새벽이면 수평선을 바라보며 하루를 열고, 물짐승을 다루며 생계를 이어 갔으며, 이따금 밭을 일궜다.

생선의 비린내는 고흥 사람들에게 익숙한 향기였고,

그 향기는 국이 되고, 반찬이 되어 식탁을 채웠다.

물질로 갓 건져 올린 해산물은 햇살 아래 가지런히 말려졌고,
미역 한 줄기, 멸치 한 줌은 소박하지만 정갈한 반찬이 되어 밥상 위에
올랐다.
그들의 삶은 단순했고 투박했지만, 그 안에는 바다의 풍요로움과 계절
의 너그러움이 깃들어 있었다.

고흥의 하늘 또한 빼놓을 수 없는 풍경이다.
그곳의 밤하늘은 유난히 맑고 투명해서, 손을 뻗으면 별 하나쯤은 닿을
듯했다.
바람 부는 옥상에 돗자리를 펴고 누우면, 별빛이 이불처럼 몸을 덮었고
나는 그 아래에서 조용히 잠에 들곤 했다.
고흥에서의 내 침실은 바로 그 옥상이었다.

시원한 밤공기, 짙은 별빛, 아이들의 숨소리, 멀리서 들려오는 파도 소리
그 모든 것이 내게는 '고흥'이라는 이름의 기억이자 현재이며,
언제나 가슴 한 켠을 물들이는 그리움의 풍경이다.

바다도, 우주 속 어느 행성

해변에 서면
먼 수평선이 푸른 원의 곡선처럼 말리고
나는 그 가장자리에서
숨을 들이쉬는 하나의 점이 된다

바다는 무심히 회전하는 행성의 호흡 같고
물결마다 빛의 껍질이 벗겨져
은하처럼 흩어진다

저 너머, 눈 닿지 않는 곳에서도
다른 생명들이 이쪽을 바라볼까?
그들 또한, 자기 행성의 해변에서
자신이 얼마나 작고 오래된 존재인지
방금 깨달았거나
아직 모를지도

바다라는 이름은 지구의 일부일 뿐인데
나는 그 자리에서
우주의 경계선에 발목을 담그고 있었다

파주

처음 파주에 왔을 땐
이곳이 아들이 군 생활을 하는 곳이라는 이유뿐이었다.
강물의 색도, 바람의 결도, 골목의 냄새도 낯설었다.
산은 한마디 말도 하지 않았고, 나는 대답 대신 발걸음을 재촉했다.

몇 번이고 이곳을 찾다 보니
산 아래로 한강과 임진강이 부드럽게 포개져 한 줄기로 흐르는 게 보였고
그 위로 오가는 철새들이 느린 곡선을 그리며 나는 것도 보였으며
늪지대 갈대가 바람을 타고 파도처럼 흔들리는 모습도 눈에 들어왔다.

오두산 정상에 오르면
북녘땅의 산줄기가 손에 닿을 듯 이어지고
강물은 조용히 그 사이를 흘러간다.
그 물결은, 마치 아들이 견뎌 낸 시간처럼 담담했다.

길을 따라 내려가면 헤이리 예술 마을이 나온다.
작은 갤러리 앞마당에서 흘러나오는 피아노 소리
가게 창문에 기대어 놓인 도자기와 그림들

그 사이로 풍겨 오는 막 구운 빵과 커피 향이
잠시 발걸음을 멈추게 한다.

아들 생일에 가족이 다시 이곳을 찾았다.
입소 전날, 머리를 짧게 깎고 말없이 고개를 끄덕이던 아이가
이제는 군복을 벗고 환하게 웃고 있었다.
점심으로 마을의 유명한 중국집에서 짬뽕을 시켰다는데
탁자 위에 짬뽕, 짜장, 탕수육이 놓이자
우리는 서로의 접시에 조금씩 음식을 나누며 웃었다.
군 생활을 견뎌 낸 아들의 모습을 떠올리면서
이렇게 함께 앉아 있는 시간이 새삼 소중하고 행복했으리라.

식당 창밖으로 보이는 오두산은
살짝 미소를 띄운 듯 서 있었고
강물 위로 햇살이 느릿하게 흘러갔다.
잠시 앉아 있어도
지난 시간과 앞으로의 시간이 손을 맞잡는 듯한 기분이 들었다.

아들의 걸음이 앞으로 이어지는 길 위에,
우리는 조용히 희망을 보탰다.

봄은

봄은 한낱의 노래
봄은 한 편의 행복

해의 빛
혹은 햇살의 한 조각
왠지 알 수 없는 희망의 한 닢

당신이 느낄 수 있다는 것 역시
가고 있는 세월의 한 페이지

좋은 꽃의 한 떨기 말씀
아름다운 하늘에 한 판의 작열
그리고 지금 내가 살아 있다는 것

친구

친구 이야기

우리는 같은 학교, 같은 골목에서 자랐다.

책상 앞에 앉아 머리를 쥐어짜던 기억은 거의 없고, 해가 질 때까지 몰려다니며 노는 게 일이었다.

여름이면 땀으로 온몸이 젖고, 겨울이면 입김이 하얗게 피어올랐다.

공부 대신, 동전 두세 개를 쥐고 오락실에 모여 앉아 누가 더 오래 버티나에 온 힘을 쏟았으니

그때 우리는 세상의 무게를 알지 못했고, 오직 오늘만을 살았다.

그 시절, 골목 어귀에 있던 만화방은 우리의 또 다른 놀이터였다.

좁은 방 사이마다 책이 빼곡히 들어서 있었고

오래된 종이 냄새와 손때 묻은 표지가 우리를 반겼다.

한 친구는 계산이 빠른 성격답게, 사업 이야기가 많은 박봉성의 만화를 골랐고

또 다른 친구는 고행석의 코믹한 세계를 탐닉했다.

야구를 좋아한 녀석은 이현세의 드라마틱한 경기 장면을 보며 눈을 반

짝였고

또 한 친구는 아예 만화가가 되겠다며 습작을 이어 갔다.

원고 뭉치는 있었지만, 끝내 출판까지 닿지 못한 꿈이었다.

나는 허영만의 작품을 즐겨 읽었는데, 그 속의 우주와 별, 미지의 세계가 나를 오래 잡아끌었다.

이제 우리는 의정부, 양주, 인천, 수원, 광주로 흩어져 산다.

고향 정릉에서 지도 위로 다섯 개의 점을 찍으면 서로 멀리 떨어져 있지만 그 점들을 이으면 여전히 보이지 않는 선이 우리를 묶고 있다.

그 선은 휴대전화의 진동처럼 불쑥 다가오고, 누군가의 경조사 자리에서 더 굵어진다.

1년에 한 번, 우리가 모이는 날이면 그 선은 다시 어린 시절의 골목까지 뻗어 내려간다.

모임 자리의 첫 시간은 가끔 어색하다.

누구는 머리숱이 줄었고, 누구는 배가 더 나왔으며, 누구는 말을 하다 잠시 한숨을 쉰다.

그러다 누군가 별명과 옛 추억을 꺼내면, 우리는 한순간에 제자리를 찾는다.

술잔 위로 번진 웃음이 테이블 끝까지 퍼진다.

우리는 같은 동네에서 태어난 것이 아니라, 같은 시간을 함께 살아온 사람들이다.

서로의 나이를 대신 세어 주고, 잊고 있던 표정을 기억 속에서 찾아낸다.

멀리 흩어져 살아도, 우리는 같은 달력을 쓰고 있는 셈이다.

그 달력의 몇 장은 여전히, 어린 시절 우리가 뛰놀던 그 골목의 계절과 만화방의 빛바랜 책장을 품고 있다.

자판기 속 별 하나

꿈속에 놓인 오래된 자판기이고 싶다
동전 한 닢 대신 기억 하나 넣으면
첫사랑의 웃음이나
눈 오는 날 혼자 본 영화 한 편 뽑히는

그 속엔 아직
팔리지 않은 계절들이 꽂혀 있고
여름이 눅눅해질 즈음엔
가끔 반딧불이 탄산처럼 튀어나오기도 하는

누군가 옛 단풍을 사러 와선
자판기에 붙은 메모를 읽는데
"시간이 식는 중입니다.
잠깐, 여기 머물러 주세요."

귓속으로 멜로디 같은 음성을 들으며
나는 천천히 불 꺼지는 도시처럼
기억의 전등을 하나씩 꺼 주고

출발은 늘 가능하지만
머무름을 주는 은하도 있다는 걸
알아주는 이에게만
별 하나, 살며시 건네주는

그런 자판기이고 싶다

봄은 행방불명

그날 하늘은, 보기 드물게 맑았다.

뾰족한 걸로 찌르면 파란 물이 왈칵 쏟아질 것만 같은 하늘.

그 아래, 희뿌연 버스가 정릉이라는 글자를 이끌고 연기를 남기며 굴러갔다.

무언가를 씻어 내려는 듯한 그 연기 속에서, 나는 친구의 얼굴을 떠올렸다.

머리가 유난히 컸던, 늘 모자를 건방지게 눌러쓰던,

그리고 욕처럼 체념을 내뱉던, 그 친구.

"미국이나 가야지. 제길… 양주랑 양담배 원 없이 먹고 죽게."

그의 말투는 늘 비슷했다.

짜증 섞인 한숨, 쿨럭거리며 따르던 막걸리,

그리고 누구보다 먼저 닳아 버린 어깨.

삶을 밀어내면서도 막걸리 사발만은 정성스레 닦던 손끝은

왠지 슬펐다.

자기 가슴에 박힌 먼지를 걷어내듯, 조심스러웠다.

사발을 들고 하늘을 보며 웃던 그 모습.

나는 그때 우리가 조금은 자유롭다고 생각했었다.

비닐 천막 안, 파전과 막걸리 사이로 스미던 기름 냄새,
그 모든 게 가난하고 구질구질했지만
묘하게 따뜻했고, 어딘가 정직했다.

"이거나 원 없이 먹고 가야지.
언제 이런 파전을 또 먹어 보겠냐… 미국 가서… 지미."
그 말이 마지막이었다.
그 후, 그가 어디로 갔는지,
잠시 눈을 붙였다 떼었던 것인지,
아니면 정말로 봄처럼 사라져 버린 건지
나는 알지 못한다.

그렇게 흘러간 계절이 몇 개인지도 모르겠다.
나는 여전히 가끔 그날을 꺼내 본다.
벗겨진 사발의 테두리, 노랗게 바랜 주전자,
지긋지긋했던 동네 이름까지도
이젠 그립고 아련하다.

막걸리는 길음동 비닐집이 참 맛있었는데.
그 집 아직 있을까.
아니, 그 집보다도
그 테이블에 마주 앉았던 그 사람은

살아 있기나 한 걸까.

봄이 왔다.
햇살이 창을 뚫고 들어오고, 벚꽃은 거리를 물들이는데
나는 자꾸 그늘을 본다.
그 친구가 없는 봄이라서.
그 시절 우리가
그 봄 어딘가에 멈춘 채
돌아오지 않아서.
그래서일까.
봄은 와도,
나는 아직 그 봄에 머물러 있다.

바람 탓

바람이 불면
잎은 흔들린다
그것이 나무의 운명이라면
가만히 선 건 무심일까, 평안일까?

오늘도 나를 흔드는 바람 앞에서
눈을 감고 그러려니 한다
당신이 등을 돌려도
그저 바람 탓이라 여기며

우리는 서로의 바람이었을지 모른다
스쳐 지나 잠잠해질 인연

불고 나면
다시는 같은 하늘 아래
만날 수 없는 바람처럼

산다는 건

비가 오지 않는 날이었다.
저녁 어스름한 시간 친구의 부모님 장례식장을 다녀왔다.
검은색 양복 소매 끝에서 묵직한 슬픔이 맴돌았다.
나는 조문을 마치고 나온 뒤, 혼자 걷기로 했다.
차가운 공기 속에서 담배 연기 같은 생각들이 피어올랐다.

'산다는 건 뭘까?'

누구나 한 번쯤 떠올릴 법한, 진부하지만 피할 수 없는 질문
장례식장의 향내는 그 질문을 더욱 짙게 만들었다.
누구의 삶이든 마지막엔 저렇게 한 줌의 재와 기억으로 남는다.
생전엔 크고 작은 욕망에 휘둘리며 허겁지겁 살지만
끝자락엔 누구도 예외일 수 없다는 걸 문득 실감하게 된다.

친구는 담담했다. 오히려 나보다 더 의연해 보였다.
장례식장이라는 공간이 주는 묵직한 공기 속에서 사람은 오히려 단단해
지는 걸까?
아니면 슬픔조차 감당하지 못할 때, 사람은 일단 무감각해지는 걸까?
돌아오는 길 내내 그 생각이 머릿속을 떠나지 않았다.

차 창밖으로는 푸르스름한 밤하늘과 가로등 불빛들이 스쳐 지나갔다.
누군가는 오늘 결혼하고, 누군가는 오늘 이별하고, 누군가는 오늘 태어
났다.
그런 하루, 살아간다는 건 어쩌면 끝없는 반복일지도 모른다.
시작과 끝, 만남과 헤어짐, 슬픔과 기쁨 그 사이 어딘가에서
우리는 무언가를 배우고, 조금씩 변해 가고, 또 잊는다.

그렇다고 해서 삶이 허망하기만 한 건 아닐 것이다.
매일 반복되는 숨과 숨 사이에도 어떤 따뜻한 의미가 깃들어 있을 테니까
오늘 내가 친구의 어깨를 두드린 그 순간처럼
작은 위로 한 마디가 누군가에겐 긴 시간 남아 삶의 온기가 될 테니까.

집에 거의 다 와서야 알았다. 내 발끝에 깃든 그 묵직한 감정을
그것은 아마 '산다'는 것에 대한 작은 경외심이었을지도
그렇게 우리는 또 살아 낸다. 울음 너머로, 하루를 건너듯.

그늘 아래 자라는 것

가끔은
멈추려다 다시 걷는데
길이어서 걷는 게 아니라
멈추면 더 외로울까 싶어

보잘것없는 잡초에도 숨결은 있고
물길은 돌아서 흐를 줄 알고
누가 가르쳐 주지 않아도
뿌리는 빛이 아닌
어둠 쪽으로도 자란다

우리는 매일
조금씩 기울어지는 태양 아래서
지는 법과 피는 법을
같은 손으로 배워 간다

괜찮지 않은 날에도
스미는 바람 하나쯤은
여전히 다정하다

시시함에 대하여

늘 꾸물거리다, 흐린 하늘 구름처럼 끄적이다,
막 나온 안개처럼 희미한 생각 속에 미적거리다 보면
어느새 시간은 새벽 1시를 넘깁니다.

잘 사람은 다 잠들고,
물 한 방울 떨어지는 소리에
세상이 뒤흔들릴 것 같은 우물 속,
저 조요를 바라봅니다.

시를 쓰고, 시를 쓰면서
내가 시인이라 믿었습니다.
그렇게라도 하지 않으면
이 비천함에서 벗어날 수 없을까 두려웠던 거지요.

하지만 알게 되었습니다.

시는 너무 가벼워서,
아무 무게도, 아무 두께도 없어서
내 비천함을 가려 줄 수 없다는 것을.
그래서 나는
시를 쓰거나, 시를 벗어나거나,
혹은 시를 비난해야만 했습니다.

요즘 들어 시 생각을 자주 합니다.
시적으로 길을 떠나고,
시적으로 술을 마시고,
시적으로 말하고,
시적으로 폼을 잡다가…
결국 자꾸 시시하게 웃습니다.

얼마나 더 시시해져야
틈틈이 숨겨져 있던
한 편의 시와 마주할 수 있을까요?

말의 바다에서

어제도 말들이 부딪쳤고
오늘도 말들이 엇갈린다

당신을 담을 그릇으로
더 깊은 단어를 찾고 싶어
더 뜨거운 언어를 갈망하는데

가슴으로 쓴 단어는 어디에 있을까
눈물로 새긴 말은 어떤 빛일까

지금도 단어들이 충돌한다
앞으로도 이 다툼은 멈추지 않을 것이다

그 끝에서
나는 결국 당신을 부르리라
가장 진실한 이름으로

별에게 말을 걸다

어릴 적부터 나는 밤하늘을 올려다보는 습관을 지녔다.

별이 총총 박힌 검은 우주는 나에게 책이었고, 거울이었으며, 언젠가 돌아갈 집 같기도 했다.

수많은 날들, 나는 그렇게 하늘을 바라보며 자랐다.

별자리를 외우기도 했고, 별똥별이 지나갈 때는 조용히 소원을 빌었다.

어떤 밤은 별 하나하나가 내 이름을 알고 있는 듯 느껴졌고, 또 어떤 밤은 끝도 없는 고요가 내 안을 꿰뚫어 보는 듯했다.

그래서일까. 나는 지금까지 다섯 번, UFO를 보았다.

처음엔 나조차도 내 눈을 의심했다.

하지만 그건 분명히 '이 세상의 것'이 아니었다.

빛의 움직임, 공중에 멈춰 있다가 갑자기 사라지는 속도, 설명할 수 없는 궤적과 존재감.

눈의 착각이라며 웃어넘기는 사람들도 있지만, 나는 개의치 않는다.

그 순간 내 온몸이 반응했다.

소름이 돋고, 등줄기를 타고 전율이 흘렀다.

몸이 먼저 알았다.

저건, 인간의 것이 아니라고.

그 이후로도 나는 여전히 하늘을 바라본다.
어쩌면 그들이 또 나타날까 봐, 혹은 이미 나를 보고 있을지도 몰라서.
그리고 종종, 이런 상상을 하게 된다.

만약 외계인이 지구의 하늘을 바라본다면,
그들이 지구라는 행성의 첫인상으로 눈 내리는 광경을 보게 된다면,
하얗게, 조용히, 부드럽게 세상을 덮는 눈송이들을 아무 말 없이 바라
보다가,
너무도 아름다워서,
그들은 울지 않을까?

감정이라는 것이 꼭 인간만의 전유물일 필요는 없다.
감동 앞에서 언어는 사라지고,
눈물은 우주의 공통어가 된다.

나에겐 별이 그렇다.
그리고 그 다섯 번의 마주침도.
그건 두려움이 아닌 교감이었다.
서로 말은 없었지만, 우리 모두 하늘을 사랑하고 있다는 것을 느낄 수
있었다.

그래서 나는 오늘 밤도 또 고개를 든다.

혹시 누군가, 나처럼 이 하늘을 올려다보고 있을지 모르니까.

눈이 올 것 같은 밤이면 더욱 그렇다.

그들은 오늘, 감동의 눈물을 흘릴 준비가 되었을까.

나도 마찬가지다.

숨겨진 정원

내 안에는
아무도 들어오지 못한 정원이 있다

낡은 담쟁이가 벽을 덮고
먼지가 쌓인 벤치 위로
햇빛이 조용히 내려앉는 곳

가끔은 내가 그곳에 앉아
오래된 편지들을 펼치는데
쓰지 못한 말들이
바람에 흔들리다
서로에게 기대어 눕는다

그 정원에는
언제나 한 송이 꽃이 피어 있다
세상에 보여 주지 못한
내 가장 작은 기도

당신이 문득 그 문을 열어 준다면

나는 부끄러워 고개를 떨구겠지만
아마도
그 순간을 위해
이 모든 고요를 키워 온 걸지도 모른다

그리고 알게 되겠지
가장 깊은 사랑은
숨겨진 정원을 닮았다는 것을

공포의 경험

예전에 일 때문에 어느 지방의 허름한 모텔에 머문 적이 있다.
빛바랜 벽지와 오래된 가구들이 공간을 가득 채우고 있었고
따뜻한 공기 속에는 어렴풋한 먼지 냄새가 섞여 있었다.
그곳에서 나는 처음이자 마지막으로 무서운 경험을 하게 되었다.
문 앞에 설치된 출입구 센서등이 갑자기 켜졌는데, 벌레 때문일 거라
스스로 다독였다.
그저 일상에서 흔히 일어날 법한, 자연스러운 현상일 뿐이라고…

몇 분 후, 또다시 센서등이 깜박였다.
고장일 거라 생각하며 섬뜩한 기분을 떨쳐 내려 했지만
한 번 더 그러면 모텔 카운터에 전화를 걸어야겠다고 마음속으로 다짐
했다.
다행히 그 뒤로는 센서등이 더 이상 켜지지 않았다.
하지만 그때부터였을까, 무섭다는 생각이 스며들기 시작하면서
눈에 보이지 않지만 누군가, 혹은 무언가가 내 곁에 존재하는 듯한 무
거운 기운이 천천히 방 안을 채웠다.
그것이 실체가 아님을 알면서도, 가슴 깊은 곳에서는 알 수 없는 공포
가 점점 피어올랐다.

맥주 캔을 기울이며 티브이 화면을 바라보았지만, 채워지지 않는 불안에 잠은 멀어져만 갔다.

시간은 2시를 향했고, 나는 이내 억지로 눈을 감았다.

그러나 그 평온은 오래가지 않았다. 꿈속에서, 한 여자가 나타났다.

차갑고 질긴 손이 내 목을 조였다. 숨이 막혔고, 그 공포에 나는 격렬하게 깨어났다.

너무 무서워서 나는 그냥 밤을 새우기로 마음먹었다.

억지로 정신을 붙잡고 버텼는데 어느새 창밖에 동이 트고 있었다.

오래전 '전설의 고향'에서 보았던 이야기처럼

새벽이 오면 모든 것이 사라질 거라는 믿음이 마음 한구석을 채웠다.

그 믿음에 위안을 얻은 건지, 나는 어느새 스르륵 잠이 들고 말았다.

그러나 꿈은 끊기지 않았다. 아니 그대로 연결되고 있었다.

'어딜 도망가려고' 여자의 말과 손길이 다시 내 목을 옥죄었다.

그 순간 나는 경악하며 침대를 박차고 일어났다.

온몸은 차가웠고, 방 안은 깊은 고요에 잠겨 있었다. 나는 귀신을 믿지 않지만

그 자리에서 견딜 수 없어 곧장 방을 빠져나왔다.

이 경험담은 귀신에 관한 것이 아니다. 나는 여전히 그것을 믿지 않으니

중요한 건, 그 순간 내가 온전히 느꼈던 두려움과 외로움이다.

어쩌면 이 모든 순간들은 삶이 우리에게 조용히 건네는 낯선 모습일지도 모르겠다.

무서움도, 불안도 결국은 나를 더 단단하게 만드는 한 조각이라고…

7월의 문

달력의 살결에
하루가 번져 가고

빛은 사포처럼
내 여름의 기억을 문지르고
아무도 보지 못한 상처를 깎아 낸다

어디선가 흘러 들어온 바람이
어린 시절의 골목을 흔들어
말라붙은 웃음이
다시 물기를 머금게 하는데

나는 부서진 계절의 파편을 주워
점심 그릇에 담아 본다

7월은
익지 못한 열망의 과일
한입 베어 물면
뜨거운 심장이 드러나는 달

우울증

나는 가난한 집에서 자랐다.
아버지는 너무 무서웠고, 어린 시절의 가족사는 뒤엉킨 실타래 같았다.
학교도 싫었고 그곳을 벗어나 어디든 떠나고만 싶었지만
나에겐 용기도, 돈도, 아무것도 없었다.

아마 그래서였을 것이다.
내 안에 자라던 우울은 점점 짙어졌고, 견딜 수 없을 만큼 깊어졌다.
요즘은 감기에 걸리면 병원에 가듯 정신과를 찾기도 하지만
그 시절엔 달랐다. 정신과에 간다는 것은 마치 "나는 이상한 사람입니다"라고
스스로 낙인찍는 일처럼 여겨졌고 세상의 시선은 냉정하고 무심했다.

게다가 정신과 치료는 보험도 적용되지 않았다.
어렵게 한 번 찾아간 병원에서 진료비를 듣고는
아무 말도 하지 못한 채 돌아설 수밖에 없었다.

그렇게 나는 삶을 여러 번이나 포기하려 했다.

막연히 '죽고 싶다'라고 생각하는 것과

실제로 실행하려는 순간의 공포는 정말이지 하늘과 땅의 차이였다.

그때 나는 진짜 끝이라는 벼랑 끝에 서 있었다.

그런 나를 구원해 준 것은 시였다. 그리고 모든 예술이었다.

말로 표현할 수 없던 감정들을 시가 대신 말해 주었고 같이 울어 주었다.

세상이 외면한 내 안의 목소리를 예술이 조용히 들어주고 위로해 주었다.

그러나, 무엇보다도 나를 붙잡아 준 것은 한 사람이었다.

봄날 햇살이 창가로 스미면 따사로운 기운이 노랗게 퍼지듯

그런 따뜻한 사람을 만났다.

아내를 만나고 나서야 알았다.

내가 얼마나 모나고 두려운 사람이었는지를

그녀는 나를 고치려 하지 않았다.

그저 곁에 머물며, 묵묵히 아껴 주었다.

나는 그녀를 바라보며 배워 갔다.

세상을 덜 두려워하는 법을, 나 자신을 덜 미워하는 법을

아내 덕분에 나는 조금 더 착한 사람이 되어 가고

조금 더 깊어지고, 조금 더 부드러워지고 있다는 걸 알았다.

그리고 곧 태어난, 작고도 커다란 존재 내 첫 아기.

아기가 태어났을 때, 나는 내가 아이를 키우는 줄 알았다.

하지만 시간이 지나 알게 됐다. 사실은 그 아이가 나를 키우고 있었다는 것을…

작은 손이 내 손을 움켜쥐며 책임을 가르쳤고

작은 눈빛이 나를 진짜 어른으로 만들었다.

나는 아이를 품은 것이 아니라, 아이 덕분에 진짜 아빠가 되었다.

그 녀석이 나를 키워 낸 것이다.

시간이 조금 흐른 후 내게 미래를 꿈꾸게 하고 희망을 바라보게 한 둘째가 왔다.

아기 때는 너무 여리고 약해, 자주 아프고 가슴 졸이던 날이 많았다.

그렇게 조심조심 키운 아이가 이제는 나보다 훌쩍 커, 가족의 든든한 희망이 되었다.

다 큰 성인이지만 우리는 여전히 그 아이를 '우리 애기'라 부른다.

세월이 흘러도 우리 마음속 작은 손과 웃음은 여전히 그대로다.

그 녀석을 보며 나는 오늘도 믿는다.

희망은 생각보다 가까운 곳에 있다는 것을.

그들은 내게 살아갈 이유가 되어 주었다. 견디는 삶이 아니라

살아가는 삶을 내게 선물해 주었다.

나는 쓰고, 읽고, 세상을 보고 사랑하며 하루하루를 건너고 있다.

완전히 괜찮지 않아도, 여전히 흔들려도, 이제 나는 괜찮다.

가장 어두운 밤에도 끝은 있다는 것을, 나는 이제 안다.

그들은 여전히 조금씩 나를 구하고 있다.

그리고 이 모든 순간에, 우리는 지금 행복하게 같이 있다.

조용한 빛

가장 어두운 밤을 건너온 너에게
새벽은 어김없이 찾아와

부서진 마음 위에도
햇살은 스며들고

텅 빈 가슴에도
바람은 노래를 싣고

쓰러진 자리에서 피어난 풀꽃처럼
너는 다시, 살아 낼 테니

완벽하지 않아도
흔들려도 괜찮아

살아 있다는 것만으로
너는 이미 빛이니까

쓸쓸한 상상

아내는 큰 병은 없다.

그렇지만 늘 소화가 잘 안돼서 먹는 것마다 자주 체하곤 한다.

좋아하는 음식도 별로 없고 맘껏 먹지 못하니 몸이 자꾸 시드는 것 같아 안쓰럽다.

그래서일까 아내는 가끔 이런 말을 툭 내뱉는다. 오래 살고 싶은 마음이 별로 없다고.

아이들도 다 잘 키웠으니 내 삶도 이제는 크게 미련도 없다고.

그렇게 농담처럼 미소 지으며 말하지만, 그 말을 듣고 나면 마음 어딘가가 휑해진다.

정말로, 어느 날 갑자기 아내가 내 곁에서 사라지면 어쩌지?

그 생각만으로도 방 안이 텅 비고 세상이 조용히 꺼지는 것만 같다.

아내는 아침 공복엔 따뜻한 물이 좋다며

매일 같은 빛깔의 머그잔 두 개에 물을 데워 잔을 채우는데

그렇게 나란히 놓인 두 잔이 하루의 시작이다.

오늘 아침 문득 그런 상상이 스친다.

아침마다 익숙하게 물을 먹고 주방 한 켠에 놓인 아내의 머그잔을 꺼낸다.
손에 익은 무게, 늘 아내가 마시던 잔, 이 잔에는 이제 물기가 없고
이 잔을 더 이상 꺼낼 일이 없어진다면…

텅 빈 식탁, 한쪽으로 기울어진 고요…

시간이 흐르면 감정은 옅어진다고들 하지만 사랑이라는 건 그런 식으로 쉽게 사라지지 않는다.
사랑은 가도 시간은 남는다.
한때 함께 나눴던 온기와 향기들은 이 작은 잔에도, 아침 공기에도, 손끝에도 남아 있을 테다.

그래서 더 조심스러워진다.
이 평범한 하루가 언제까지일지 모르기에
매일 아침, 물을 마시고 머그잔을 닦는 그 순간들이 너무도 소중해서
그 마음이 어쩌면, 오늘도 나를 살게 해서…

훗날 삶의 마지막 어쩔 수 없는 장면…
그 사별이라는 문턱에 서는 날이 온다면 부디 내가 먼저 떠났으면 좋겠다.
나는 안다.
당신이라면 아마 나보다 훨씬 단단하게 슬픔을 견디며 살아 낼 것이기에.

그리움은 물처럼 흐르네

물방울과 물방울 사이
아무도 읽지 못한 문장이 적혀 있고

물에 담근 내 손가락과 물방울 사이
한 세계가 숨을 고르고 있다

그 사이들
서로를 부르다 멈춘 이름들이
투명한 언어로 흔들린다

닿지 못함이야말로
가장 완전한 접촉임을
여름은 알고 있구나

성인의 문장

내가 성인이 된 뒤, 가장 잊히지 않는 건 누군가 내게 던진 이 말이었다.
"사과는 의미 없어요. 해결 방안을 내놓으세요."

처음 그 말을 들었을 땐
마치 목줄 없이 돌아다니던 개가 갑자기 철조망에 목이 걸린 듯한 충격
이었다.
사과는 그동안 내가 익숙했던 가장 빠르고 간편한 해결 방식이었다.
실수했을 땐 고개 숙이고 "죄송합니다" 한 마디면 웬만한 일들은 무마
되었다.
학교에서는 그랬고, 아르바이트 자리에서도 그랬다. 진심이든 아니든
그 말은 마치 상처에 임시로 붙이는 밴드처럼 모든 상황을 잠시나마
멈추게 했다.

하지만 성인의 세계는 달랐다.
그 말이 던져진 순간, 나는 갑자기 한겨울 강가에 혼자 서 있는 기분이
들었다.
"어떻게 해결할 건지 말해 보세요."
그 말엔 따뜻함도, 분노도, 실망도 없었다. 오히려 너무 차분해서 더
서늘했다.

그것은 꾸짖음이 아니었다. 요구였다. 나에게, 성인으로서의 역할을 요구하는 문장.

성인이 된다는 건, 단지 술을 마시고 선거를 할 수 있게 되는 것이 아니었다.
그것은 '책임의 서명자'가 되는 일이었다. 내 이름 석 자가 담보가 되어버린 세계.
누군가 내게 "죄송합니다"라고 말하던 시절이 지나고
이젠 나 스스로에게 책임을 묻는 사람이 되어야 하는 시기.
감정을 전달하는 것이 아니라 현실을 조율하는 기술, 그게 성인의 언어였다.

그 말 이후 나는 무언가를 대할 때 두 가지를 함께 생각하게 되었다.
"이건 내 잘못인가?"라는 감정의 질문과
"그렇다면, 지금 내가 할 수 있는 건 무엇인가?"라는 실질적인 대응.
가슴이 답답하고 자존심이 상해도
그 순간 나는 내 사과보다 내 계획이 더 중요하다는 걸 배워야 했다.
성인의 사과는 감정을 끝내는 말이 아니라, 행동의 시작점이었다.

지금도 그 말은 나에게 유효하다.
어떤 문제 앞에서, 상대가 나를 다그치지 않아도, 나는 내 안에서 그 문장을 꺼내 든다.

"죄송하다는 말로는 부족해. 이걸 어떻게 해결할 건지 말해 보자."

그건 나 자신을 향한 각성이며, 동시에 살아 있는 증거이기도 하다.

아직 나는 포기하지 않았다는

어떻게든 이 세계에서 버텨 보겠다는 의지의 증명.

사과와 입술

사과 하나,
손에 쥐면 둥글고 가볍지만
사과할 말은
손바닥 위 사과보다 무겁다

입술과 사과 꽃잎 사이로
아름다운 말들은 흘러다니다
달콤하게 퍼져
누군가의 마음속으로 스며드는데

상처 주는 말들은 사과 꽃잎에 남은 찢긴 흔적처럼
닿는 곳마다 자국을 새긴다

같은 듯 다른 사과는 조용히 떨어져
서로 다른 두 마음의 가지에 매달린다

마지막 장을 덮으며…

다시는 돌아오지 않을 2025년의 여름이, 저물어 갑니다.
한때 푸르게 타올랐던 햇빛과 바람의 결도
우리 곁을 스쳐 간 매미의 울음도
모두 지나간 자리에 작은 흔적만을 남기고 조용히 사라져 갑니다.

우리는 붙잡을 수 없는 것들을 사랑하며
그 부재 속에서 다시 새로운 계절을 맞이합니다.
그렇게 오늘의 여름은 하나의 문장을 끝내듯, 한 권의 책장을 덮듯,
우리 기억 속에 남습니다.

이 글을 끝까지 함께해 주신 마음에 깊이 감사드립니다.

지나감에 대하여

한 번 스친 매미의 울음은
돌아오지 않고

해 질 무렵 붉게 물든 구름은
매번 다른 주름으로 흩어지고

풀잎 떠난 이슬은
들판의 이름을 지우고

햇빛과 바람과
피부에 들던 푸른 열도
건너간 것은
다시는 돌아오지 않으니

우리는 늘
붙잡을 수 없는 계절들을
사랑하며 살아간다

여름 바람이 지나간 자리

베란다 모기향 한 줌의 재만

동그랗게 남아, 조용히 식어 가네

책을 읽는다는 것은 단순히 활자를 따라가는 일이 아니다.

그것은 다른 사람의 시간을 통과하는 일이며

그 사람의 시선으로 세상을 다시 바라보는 일이다.

〈시간이 식는 중입니다〉는 바로 그런 경험을 우리에게 선사한다.

이 책에서 우리는 문학, 음악, 영화, 그림,

그리고 삶의 장면들 속에서 길어 올린 한 인간의 시간을 만난다.

그것은 곧 우리의 시간이기도 하다.

저자는 네 개의 창을 통해 세상을 바라본다.

문학의 창에서는 윤동주의 별, 백석의 겨울, 쿤데라의 고독과 카프카
의 불안을 불러내며

그것들을 오늘의 언어로 다시 살아 있게 만든다.

음악의 창에서는 산울림의 질박한 울림에서 정태춘의 시대적 목소리
까지

잊혀 가는 노래들을 삶의 배경음으로 되살려 낸다.

영화와 그림의 창 또한 마찬가지다.
이창동과 홍상수, 르누아르와 김환기라는 이름을 경유하면서도
저자는 단 한 번도 예술을 예술로만 두지 않는다.
언제나 그것은 삶을 비추는 거울이며, 지나온 시간을 환기시키는 매개
체다.

책의 두 번째 장에서는 '삶'이라는 이름으로 분류된 일곱 개의 여정이
펼쳐진다.
발견, 여행, 추억, 장소, 친구, 흔적, 그리고 독백
저자는 이 삶의 갈래들을 한 편의 시와 같이 기록하면서
우리 모두가 이미 겪었으나 잊고 있던 이미지들을 불러낸다.
어린 자식과 함께 나눈 풋풋한 추억, 차마 입 밖에 내지 못했던 작가의
깊은 독백…
정릉의 골목에서 시작해 고흥의 바다를 거쳐
마침내 이국의 아침에 이르기까지 이어진 발자취

그곳에서 그는 시간을 새롭게 발견하고, 언어로 붙잡는다.

〈시간이 식는 중입니다〉라는 제목은 역설적이다.
식는다는 것은 멈춤과 끝을 뜻하지만
저자의 문장은 식은 시간을 다시 불러내어 뜨겁게 만든다.
그 문장은 차분하고 서정적이며, 때로는 철학적이다.
그는 삶과 예술 사이의 투명한 경계에서 문장을 세워 올리며,
독자가 그 경계 위를 함께 걸을 수 있도록 이끈다.

책장을 덮고 나면 우리는 알게 된다.
시간이 식는다는 것은 결코 사라짐이 아니며
다른 형태로 우리 안에 머무는 일이라는 것을.
그것은 문학이 되고, 음악이 되며, 그림과 영화가 되고
결국은 우리의 삶으로 되돌아온다. 저자의 기록은 바로 그 증거다.

〈시간이 식는 중입니다〉는 단순한 산문집이 아니다.
그것은 한 인간이 지나온 시간의 기록이자, 동시에 우리 모두가 공유
할 수 있는 기억의 초상화다.
예술과 삶이 서로를 비추는 거울처럼 맞닿아 있는 이 책은,
독자에게도 자신만의 시간을 되돌아보게 만드는 힘을 지니고 있다.

- 화계 중학교 사서 정수진 -

시간이 식는 중입니다

ⓒ 김용회, 2025

초판 1쇄 발행 2025년 10월 23일

지은이	김용회
펴낸이	이기봉
편집	좋은땅 편집팀
펴낸곳	도서출판 좋은땅
주소	서울특별시 마포구 양화로12길 26 지월드빌딩 (서교동 395-7)
전화	02)374-8616~7
팩스	02)374-8614
이메일	gworldbook@naver.com
홈페이지	www.g-world.co.kr

ISBN   979-11-388-4874-9 (03810)